KB206332

근기根機가 되어 능히 성인 될 만한 자신이 있으면 목숨을 걸고
용맹 정진하여 꼭 생사를 해결할 것이고,
만일 그리되기 어려우면 일찍이 아미타불의 원력을 믿고 극락
의 길(염불왕생성불)을 찾는 것이 옳을 것이다.

연화세계

생사해탈 염불왕생성불 법문

안수산 편저

수산 큰스님 진영.

수산 큰스님 80세 생신 때의 모습(대구 염불선원).

상주 청련암 법회를 마친 후 제자 법장 스님과 함께한 큰스님.

서 문

삼계 윤회가 우물에 두레박 같아서 백 천만 겁과 가는 티끌(지구를 부순 것) 수와 같은 겁을 지나도다. 이 몸을 금생에 제도치 못하면 다시 어느 생에 제도할 것인가.

중생이 육도에 윤회할 때에 여기 죽어 저기 나고 저기 죽어 여기 나며, 혹 좋은 데도 나고 혹 나쁜 데도 나는 것이 마치 두레박이 오르내림과 같아서 티끌 수 같은 겁을 지나왔으니, 그 비참한 고통은 말할 수 없는데 금생에 다행히 귀한 사람이 되어 만나기 어려운 불법을 만났으니, 불법은 곧 죽지 않는 법이라 이런 좋은 법을 만나서 생사를 해결치 못하면 다시 티끌 수를 지나도록 생사의 고통을 받을

지니, 금생에 어떠한 노력을 하더라도 이 문제를 해결하여야 될 것이다.

옛 스님 법문에 만일 성인이 되어 삼계를 벗어나지 못할진대, 일찍 안양(극락)의 길을 찾는 것만 못하다 하였다. 성인 된다는 것은 즉 참선하여 견성見性하고, 염불하여 삼매三昧 얻고, 주력呪力하여 법신法身을 증득하고, 간경看經하여 혜안慧眼이 열려 번뇌가 완전히 녹아지는 것이다. 『치문緇門』에 "임종 시에 털끝만치라도 정량情量(사랑하다, 밉다, 좋다, 나쁘다, 이렇다, 저렇다 하는 분별심이라)이 다하지 못하면 노새와 말 태중에 들어간다" 하셨다. 근기根機가 되어 능히 성인될 만한 자신이 있으면 목숨을 걸고 용맹 정진하여 꼭 생사를 해결할 것이고, 만일 그리되기 어려우면 일찍이 아미타불의 원력을 믿고 극락의 길을 찾는 것이 옳을 것이다.

후학에게 부탁함

一 생전에는 계를 잘 지키고 사후에는 정토에 나기를 원하라

二 주육과 오신채를 끊고 신심으로 부지런히 염불하라

三 항상 보리심을 발하고 일체중생을 사랑하라

四 다른이의 허물을 말하지 말고 나의 허물을 살피라

五 정법을 수호하여 부처님 혜명을 이으라

六 마군이를 멀리하고 선우를 친하라

七 인과를 믿고 오욕을 탐치말라

八 보시를 하고 안욕행을 하라

九 중생이란 생각으로 속인과 달리하라

十 세상의 허무함과 생명의 무상하고 세월의 귀중함을 생각하여 일시도 허송하지말고 부지런히 수행하라

수산 큰스님이 후학에게 남긴 유훈

염불만일회주 석수산 스님 수행이력

대구 염불선원에 주석 하셨던 수산 큰스님은 법도 있는 불교 집안의 후손인 부친 안주원 씨의 3남 중 차남으로, 1906년 2월 20일에 경남 함안에서 출생하였다. 15세 때부터 불교에 뜻을 두고 출가할 꿈을 가지고 있었으나 그때는 이루지 못하고 한문과 서예 학습에 전념하면서 한의학을 배워 32년부터 한의원을 개업하였다.

51년에 드디어 경남 통영 미래사에서 효봉스님을 은사로 출가득도 하였으며, 54년도에 해인사에서 자운스님을 수계사로 비구계를 수지하였다. 이후 전국의 제방 선원에서 20하안거를 지내시며 수도에 전념하였고, 1973년에는 해인사에서 「정토 염불은 불법 중에 제일 중요한 법문」인데 근래에 쇠퇴해짐을 안타깝게 생각하여 부흥시킬 뜻을 세우시고, 자운스님과 함께 염불만일회를 결성하여 대중과 함께 염불당을 설립 하였다.

76년부터는 대구 남지장사와 경주 법장사, 기림사 등의 주지를 역임하시고 1985년에 대구 염불선원을 건립하여 선원장으로 주석하시면서 염불만일회와 노인대학을 설립하여 운영하셨다. 항상 법문 하실 때는 당부하시기를, "부모에게는 효를 행하고, 스승과 어른에게는 공경으로 대하며 살생과 도둑질을 하지 말라"하시고, 나무아미타불을 불러 왕생往生 업業을 닦게 하셨는데, 그중에 많은 이들이 금생에 바로 염불공덕을 입어서 수많은 영험담을 남겼으며, 스님께 법을 듣고 출가한 신도 또한 여러 명 있었다.

또 전국을 다니시면서 순회설법을 하셨는데 그때 스스로 「불청우不請友」라는 말씀을 하시면서 「청하지 않아도 벗이 되어 염불법을 알게 하여 사바를 벗어나게 하겠다」는 말씀을 하셨다고 한다. 법문을 다니실 때는 『정토법문집』 등 저서를 무상으로 보시하셨는데, 그 수가 30만 권에 이르며, 또 재소자들 포교를 위하여 4만 권의 책자를 전국 교도소에 배포하였다. 또 스님은 수많은 경전 속에서 정토와 염불에 관한 경문을 찾아 내셨는데, (『연화세계』 책 속에 수록) 그래서 항상 경전의 3분의 1은 정토부 경전이라고 힘 있게 말씀하셨다.

그렇게 평생을 「생지계율(生持戒律) 즉, 살아서는 계율을 지키고, 사생정토(死生淨土) 즉 죽어서는 정토에 태어나자」를 주창하시면서 광제 중생을 펴시다가, 세연이 다하여 입적하신 때는 1996년 10월 1일 오전 6시 염불선원의 광명당이었다. 입적하실 때까지 거의 7일간을 신도와 스님들은 번갈아 가면서 계속 끊어지지 않고 조념을 하여 왕생을 도왔는데, 때를 당하여서는 방안에 기이한 향기가 나고 스님께서는 두 팔을 올려 합장하는 상을 지으시면서 눈에는 잠시 광채가 있었다고 지켜 본 이가 전하였다. 큰스님은 그렇게 불보살님의 영접을 받아 향기를 뿌리며 그리운 극락세계에 왕생하신 것이다.

저서　 : 『정토지남』 『시심작불』 『정법수호론』 『수행요집』 『염불법문집』 『연화세계』
번역서 : 『아미타경』 『염불요문』 『만선동귀집』
음반　 : 『권왕가』 『극락으로 가는 길』 『정토 성불의 길』

나무아미타불 나무아미타불 나무아미타불

돌아오라
고향으로
극락정토

크도다! 염불을 법문으로 삼아,
대승과 소승을 모두 섭수하고
이근과 둔근을 나란히 포섭하며,
사事와 이理에 원융하고
성性과 상相에 걸림이 없다.
부처에 즉함이 그대로 마음이니
한 마음도 마음부처 아님이 없고
마음에 즉함이 그대로 부처이니
한 부처도 부처마음 아님이 없다.
마음을 전일하게 억념함에 불불이 모두
드러나고 부처님을 전일하게 칭념함에
마음마음 문득 드러나니, 마음 바깥에
부처가 없어 마음의 억념하는 바가 되고
또한 부처 밖에 마음이 없어 부처의
칭념하는 바가 된다.
– 능엄경 대세지보살염불원통장 소초

차 례

信愿念佛　　同登極樂

자력自力에 집착하여 불력佛力에 의지하지 않는 사람은 「현생에 이 사바세계를 벗어나 저 극락에 태어나서 관세음·대세지보살 등 모든 상선인上善人과 한 곳에 다 같이 모여서 늘 아미타 부처님을 가까이 모시고, 무생법인을 증득하고 보리를 원만히 성취하여 마친다」는 법문에 흠칫 놀랄 따름입니다. 저의 말을 믿을 수 없다면 보현보살께 물어보면 스스로 의심이 없을 것입니다.

-<정토오경일론> 중 인광대사의 '왕생론서문'

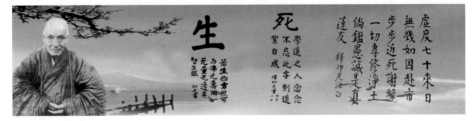

○ 정토삼부경 적요

『아미타경』:

「사리불아 적은 선과 복덕으로는 저 세계에 갈 수 없고, 오직 아미타불 명호를 불러 불란不亂하면 그 사람의 목숨이 마칠 때에 아미타불이 모든 성중을 거느리시고 그 사람의 앞에 나타나거든 그 사람이 마음이 뒤바뀌지 아니하고 곧 극락세계에 왕생 하느니라. 사리불아, 어찌하여 이 경 이름을 『여러 부처님께서 보호하고 염려하시는 경』이라 하느냐. 사리불아, 선남자 선여인이 이 경 이름을 듣고 가지거나 여러 부처님 이름을 들은 이들은 모두 여러 부처님께서 보호하고 염려하시어 아뇩다라삼먁삼보리에서 물러나지 아니 하리니, 그러므로 너희들은 내 말과 여러 부처님의 말씀을 잘 믿을지니라. 사리불아, 내가 이 악세에 성불하여 여러 세상과 모든 중생을 위하여 이 민기 어려운 법을 말하는 것이 참으로 어려운 일이니라.」

이처럼 지위가 높은 (관음·대세지·문수·보현보살 등) 등각보살들도 반드시 모두가 정토에 태어나길 구해야 하는 것은 극락정토에 태어나면 항상 부처님을 여의지 않고 친견하고, 법문을 여의지 않고 들을 수 있으며, 청정한 대중들을 여의지 않고 가까이 지내며 공양을 올릴 수 있으니, 이와 같이 불법승 삼보를 갖춰야만 신속히 무상보리를 원만성취할 수 있기 때문이다.
此等深位菩薩。必皆求生淨土。以不離見佛。不離聞法。不離親近供養衆僧。
乃能速疾圓滿菩提故。
-우익대사 '아미타경요해'

『관무량수경』:

「부처님께서 위제희에게 이르시대, "당신은 아는지요, 아미타불 계시는 곳이 여기에서 멀지 않는 것을. 당신은 생각을 모아서 깨끗한 업으로 이루어진 저 국토를 자세히 관觀하오. 나는 이제 당신을 위하여 여러 가지 비유를 들어 말하여 이 다음 세상에 깨끗한 업을 닦는 사람들이 극락세계에 가서 나도록 하리라. 저세계에 가서 나고저 하는 사람은 세 가지 복을 닦아야 하나니, 첫째는 부모에게 효도하고 스승과 어른을 공손히 섬기며 자비한 마음으로 산목숨을 죽이지 않고 열 가지 착한 업을 닦을 것이요, 둘째는 삼귀의 계三歸依戒를 받아 지니고 여러 가지 계행을 갖추어 행동을 올바르게 할 것이며, 셋째는 보리심菩提心을 내어 깊이 인과의 도리를 믿고 대승경전을 읽으며 남에게도 이 법을 권할 것이니, 이 세 가지는 삼세 모든 부처님의 깨끗한 업과 올바른 정인

(正因)입니다.

부처님은 아난과 위제희에게 이르시되, "모든 부처님은 법계의 몸(법계신法界身)으로 모든 중생들의 마음으로 생각하는 가운데 드시나니, 그러므로 너희가 부처님을 생각하면 이 마음이 곧 32상과 80수형호隨形好라, 이 마음으로 부처를 이루고(시심작불是心作佛) 이 마음이 곧 부처다(시심시불是心是佛). 모든 부처님의 바르고 넓은 지혜가 마음에서 생기느니라.」

위제희 왕비

아미타불 넉 자를 화두 삼아
자나 깨나 분명히 들어 쉬지 않고
한 생각의 분별도 나지 않는 데 이르면
차서를 밟지 않고 곧 바로
부처님 경기에 뛰어오르리라.
- 천여유칙선사天如惟則禪師

『무량수경』:

「부처님께서 미륵보살에게 말씀하시되, "누구나 아미타불 명호를 듣고 기뻐하여 한번이라도 염불하면 이 사람은 큰 공덕을 얻을 것이다. 그러므로 미륵아, 가사假使 큰 불이 삼천대천 세계에 가득 찼다 할지라도 그것을 뛰어넘어가서 이 무량수경 법문을 듣고 기꺼이 믿고 받아 읽어서 가르친 대로 실행해야 된다. 왜냐하면 많은 보살들이 이 경을 듣고저 하여도 얻지 못할 만큼 존귀한 경전이다. 어느 중생이나 이 경을 듣기만 하면 위없는 도에 물러가지 않을 것이다. 그러므로 이 경을 전심專心으로 읽어 외우고 실행할 것이다. 미륵아, 나는 이제 여러 중생을 위해 이 법문을 말하여 무량수불과 그 국토에 있는 모든 것을 보였다. 너희들은 저 세계에 나기 위해 물을 것이 있거든 물어서 내가 열반에 든 뒤에 의심을 내지 않도록 하라."

"앞으로 말법시대가 지나가면 불경이 없어질 터인데, 내가 자비한 마음으로 이 경을 백년을 더 머물게 할 것이니 어느 중생이나 이 경을 만나는 자는 모두 제도를 받아 극락세계에 갈 것이다. 미륵아 부처님은 만나기 어렵고, 불경을 얻어 듣기도 어렵고, 보살이 닦는 좋은 법도 듣기가 어렵고, 선지식을 만나 법을 듣고 실천하기도 어렵지만, 그 중에 이 경전을 믿고 받아 읽는 것은 참으로 어려운 중에 제일 어려운 것이다. 그러므로 나의 법은 이와 같이 짓고 이와 같이 설하고 이와 같이 가르친 것이니, 너희들은 이 법을 믿고 실다히 수행하여라."」

一心不亂 心作心是

是心是佛 是心作佛

대개 "일심불란에 이르러 마음으로 부처가 되고,
마음 그대로 부처이다(一心不亂, 心作心是)" 함은
모두 자기 자신의 무량수無量壽 심체로써
아미타부처님의 무량수 대원과 계합하지 않음이 없다.
이로써 기약하길, 자심自心을 장엄하고 자심을 청정히 하여
시방중생을 두루 평등하게 하고 스스로 깨닫고
다른 사람을 깨닫게 할 뿐이다.
- 매광희 거사 《불설대승무량수장엄청정평등각경》 서문

○ 무량청정평등각경

「다시 아난아, 선남자 선여인이 이 경전을 듣고 읽고 외우며 글로 써서 공양하여 저 세계에 나기를 구하고, 보리심을 발해서 모든 계행을 지키고, 중생을 도와 편안하게 하고, 아미타불과 그 국토를 생각하면 이 사람의 목숨이 마침에 극락국에 나서 법문 듣고 길이 '물러가지 않는 지위'(불퇴전지不退轉地)를 얻느니라. 아난아 어느 중생이 저 나라에 나고저 하되 비록 크게 정진은 못하더라도 마땅히 선행을 닦을지니, 살생 아니하고, 도둑질 아니하고, 음행 아니하고, 거짓말 아니하고, 비단같은 말 아니하고, 악담 아니하고, 이간붙이는 말 아니하고, 탐욕심 내지 아니하고, 성내지 아니하고, 어리석은 마음을 내지 아니하고, 밤낮없이 아미타불의 여러 가지 공덕을 생각하여 지성으로 귀의하며 예배 공양하면, 이 사람은 임종 시에 놀라지 아니하고 두렵지 아니하고 뒤바뀌는 마음이 없고 곧 정토에 왕생하느니라. 만약 일이 바빠 집을 떠나 크게 재계는 못하더라도 마음을 깨끗하게 가지고, 한가할 때에는 몸과 마음을 단정히 하고, 욕심과 근심을 버리고 자비심으로 염불 정진하며, 성내지 말고 시기 질투하지 말고 탐욕과 인색하지 말고, 항상 효순한 마음을 가지며 지성으로 부처님 말씀을 깊이 믿고 착한 일하면 복이 생기는 줄 믿고 극락국에 나기를 원을 세워 십일 십야나 내지 하루 밤낮을 염불이 끊어지지 않는 자는 목숨이 마침에 모두 왕생을 얻고 물러가지 않는 자리에 오르며, 몸은 32상을 갖추고 성불하느니라. 그러므로 시방세계 모든 부처님들이 다함께 아미타부처님의 공덕을 칭찬 하시느니라.

부처님이 아난에게 말씀하시기를 "아난아, 저 나라 보살들은 부처님의 위신력을 입어서 밥 한 그릇 먹을 동안 시방세계로 다니면서 모든 부처님께 공양하고 향화와 모든 공양의 물건이 생각 따라서 곧 생기고, 또 저 나라 보살들은 시방세계와 과거 현재 미래의 일과 모든 중생의 마음을 다 알고 어느 때에 제도 받는 것도 다 알고 필경에 일생보처─生補處에 오르는데 오직 큰 원을 세워 생사 세계에 들어가서 중생을 제도하려는 이는 제하느니라.」

大勢至菩薩念佛圓通章

억불념불憶佛念佛
현전당래現前當來
필정견불必定見佛
불가방편不假方便
자득심개自得心開

지극한 마음으로 아미타부처님을 잊지 않고 염한다면
현재나 미래에 틀림없이 극락세계에 태어나 아미타부처님을
뵐 수 있다. 이렇게 일단 아미타부처님을 뵙기만 하면
다른 특별한 수행을 하지 않아도 자연히 마음이 열려
깨달음을 성취할 수 있다.
-능엄경 염불원통장楞嚴經 念佛圓通章

○ 능엄경 대세지보살염불원통장

대세지법왕자가 그 동반 52보살과 함께 자리에서 일어나 부처님 발에 정예하고 여쭈었다.

"저는 생각하니, 지나간 옛적 항하사 전에 부처님이 출현하시니 이름은 무량광이시며 열두 부처님이 한 겁 동안에 계속하여 나셨는데, 그 마지막 부처님이 초일월광이시라. 그 부처님이 나에게 염불삼매를 가르치시거늘 비유컨대, 한 사람은 전심으로 생각하거니와 한 사람은 전심으로 잊어버리면 이 두 사람은 만나도 만나지 못하고 보아도 보지 못하는 것이요. 만일 두 사람이 서로 생각하여 생각하는 마음이 함께 간절하면 이생에서 저생에, 또 저생에 이르도록 몸에 그림자 따르듯이 서로 어긋나지 아니하느니라.

시방여래께서 중생을 생각하시기를 어머니가
자식 생각하듯 하거니와 만일 자식이 도망하
여 가면 생각한들 무엇하랴. 자식이 어머니를
생각하기를 어머니가 자식 생각하듯이 하면
어머니와 자식이 세세생생에 서로 어긋나지
아니하리라.

만일 중생들이 지극한 마음으로 부처님을 생
각하고 부처님을 염하면, 이생에서나 혹은 저
생에서 결정코 부처님을 뵈올 것이며, 부처님
과 서로 멀어지지 아니하여, 방편을 가자하지
않고도 저절로 마음이 열리는 것이 마치 향기
를 쏘이는 사람이 몸에 향기가 배는 것 같으
리니 이것이 향광장엄香光莊嚴이니라.

나는 본래 인행因行 때에 염불하는 마음으로
무생법인無生法忍을 얻었고 지금도 이 세계에서

염불하는 사람을 인도하여 서방정토로 가게 하느니라. 부처님이 원통圓通을 물으시니, 나의 경험으로는 이것저것을 가리지 말고 육근을 모두 거두어 항상 염불하되 깨끗한 생각이 서로 계속되어 삼마디를 얻는 것이 제일이 되겠나이다.

지성심으로 견성성불하는 묘법
念佛一門 誠爲見性成佛之妙法

중생이 부처님을 염하니 부처님께서 중생의 마음 안에 있고, 부처님께서 중생을 염하니 중생이 부처님의 마음 가운데 있다. 이 마음 그대로 부처가 되니 마음으로 염하지 않으면 부처가 되지 않고, 부처님에 즉하여 마음을 드러내니 부처님 명호를 칭념하지 않으면 마음은 드러나지 않는다. 즉 염불일문은 지성심으로 견성성불하는 묘법임을 알지라.
- 관정대사 〈능엄경 대세지보살염불원통장 소초〉

南無大勢至菩薩
나무대세지보살

○ 능엄경

목숨이 마치려 할 적에 따뜻한 기운이 식지
않아서 거슬린 버릇과 순한 버릇이 서로 어울
리면서 일생에 지은 착한 짓과 나쁜 짓이 한
꺼번에 나타나나니 순전한 생각만 가진 이는
날아올라 천상에 나게 되고, 만일 날으는 마
음에 복과 지혜와 깨끗한 원까지 겸하였으면
마음이 열리어 시방 부처님을 뵈와 여러 정토
에 소원대로 왕생 하느니라.

南無 大勢至菩薩
不假方便自得心開

염불원통법
마음이 열리는
빌리지 않아도
방편方便을

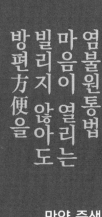

만약 중생이 심념으로 부처님을 잊지 않고 기억하며
부처님을 심념에 매어둔다면 현전이나 당래에 반드시
결정코 부처님을 친견하고, 부처님과 멀리 떨어지지 않아
방편을 빌리지 않아도 저절로 자심이 열릴지니라.
향기에 물든 사람이 그 몸에 향기가 나듯 이와 같으면
이름을 향광장엄香光莊嚴이라 하느니라 하셨습니다.
저는 본래 인지에서 염불심으로 무생법인에 들어갔나니,
지금 이 사바세계에서 염불인을 모두 섭수하여
서방정토로 돌아가게 하겠나이다.
＿능엄경 대세지보살염불원통장

○ 화엄경 광명각품

온갖 행行·주住·좌坐·와臥 하는 가운데에 항
상 아미타불의 공덕을 생각하여 밤과 낮을 간
단없이 이렇게 업을 닦을지니라.

제 (보현보살)가 임종할 때 일체의 모든 장애가 다 없어지고
아미타불을 뵙고 바로 극락세계에 왕생하기를 원하옵니다.
- 화엄경

○ 화엄경 현수품

염불삼매를 얻으면 결정코 부처님을 보게 되
나니, 임종시에 부처님 계신 곳에 왕생하리라.
죽는 이를 보거든 염불을 권하고 또 불상을
보여 예경케 하라.

만일 일체 중생을 이롭게 하면
생사 속에 있어서도 근심 없으리.
생사 속에 있어서도 근심 없으면
그 정진을 이길 사람 다시 없으리.
그 정진을 이길 사람 다시 없으면
그는 곧 갖가지의 신통 얻으리.
만일 그 갖가지의 신통 얻으면
그는 곧 중생들의 그 행을 알리.
-화엄경 '현수보살품'

○ 화엄경 도솔천궁 게찬품

이구당 보살이 말씀하시되 부처님을 경계로
하여 전일하게 생각하여 방심치 않으면 이 사
람은 즉시에 부처를 보되 그 수가 마음과 같
을 지니라.

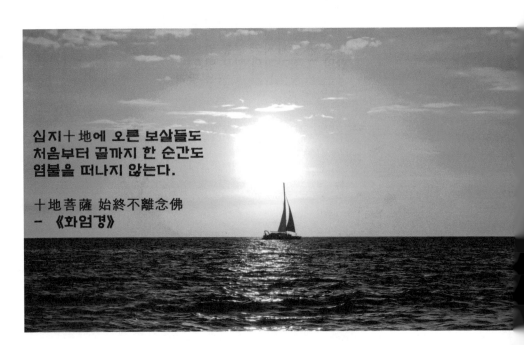

십지十地에 오른 보살들도
처음부터 끝까지 한 순간도
염불을 떠나지 않는다.

十地菩薩 始終不離念佛
- 《화엄경》

○ 문수 반야경

문수보살께서 부처님께 묻기를, "어떻게 하면 속히 무상정각無上正覺을 얻게 됩니까?"

부처님께서 대답하시되 "일행삼매一行三昧에 들면 되나니, 일행삼매에 들고저 하는 자는 곧 조용한 곳에 한가로이 거하여 산란한 생각을 버리고 얼굴을 관하지 말고 생각을 한 부처님께 모아 명호를 부르며, 부처님 계신 곳을 향하여 단정히 앉아 한 부처님께 생각이 이어서 간단間斷치 않으면 곧 마음 가운데 과거 현재 미래의 모든 부처님을 보아 주야로 항상 말하되 지혜와 변재辯才가 다함이 없느니라."

연화세계

원하오니, 제가 임종할 때에
모든 장애가 다 없어져서
아미타불을 친견親見하옵고
극락세계에 왕생하오며,
극락세계에 왕생하고는
모든 큰 원願을 다 이루고
아미타부처님께서 그 자리에
보리수기菩提授記를 주옵소서.
- 문수 발원경

○ 문수 발원경

원하오니, 제가 임종할 때에 모든 장애가 다 없어져서 아미타불을 친견親見하옵고 극락세계에 왕생하오며, 극락세계에 왕생하고는 모든 큰 원願을 다 이루고 아미타부처님께서 그 자리에 보리수기菩提授記를 주옵소서.

의衣, 식食, 주住, 약藥, 네 가지로
한 염부제의 일체 중생을 공양하면
공덕이 한량없거니와,
만약 중생이 좋은 마음으로
간단없이 부처님 명호를 부르되
한 얼룩소 젖 먹일 동안만 하여도
그 공덕이 위에 보다 많아서
가히 생각지 못하며 능히
헤아릴 수 없느니라.
- 증일아함경

○ 증일 아함경

의衣, 식食, 주住, 약藥, 네 가지로 한 염부제
일체 중생을 공양하면 공덕이 한량없거니와,
만약 중생이 좋은 마음으로 간단없이 부처님
명호를 부르되 한 얼룩소 젖 먹일 동안만 하
여도 그 공덕이 위에 보다 많아서 가히 생각

지 못하며 능히 헤아릴 수 없느니라.

출가자든, 재가자든, 남자든, 여자든 상관없이
모두 이 경전을 독송하지 않을 수 없습니다.
왜냐하면 세 가지 근기를 두루 덮어주기 때문입니다.
온갖 병을 치료할 수 있으며,
고통을 뽑아내고 즐거움을 베풀어 주기 때문입니다.
어둠을 깨뜨리는 밝은 등불이고,
업의 바다를 건너는 자비의 배이기 때문입니다.
실로 일승요의一乘了義이고,
모든 선업 · 선행(萬善)의 총문總門이기 때문입니다.
그래서 시방세계 제불께서 찬탄하기 때문입니다.
– 하련거夏蓮居 거사 〈무량수경 합찬合讚〉

○ 무량청정각경

부처님이 말씀 하시되 "세상 사람이 아미타불 명호를 듣고 자비심으로 기뻐하고 뜻이 맑으며 털끝이 쭈볏하고 눈물이 나는 자는 다 이 여러 세상에 불도를 행하고 혹 타방 부처님 처소에서 보살도를 행하여 진실로 범인이 아니며, 만일 부처님 말씀을 믿지 않는 자와, 염불을 믿지 않는 자와, 왕생을 믿지 않는 자는 다 악도를 쫓아 나와서 재앙이 미진하고 어리석고 지혜가 없어서 해탈解脫을 얻지 못함이니라. 많은 보살이 이 경을 듣고저 하여도 얻어 듣지 못하나니 만일 얻어 듣는 자는 위없는 도에 길이 퇴전치 아니할지라. 그런고로 마땅히 받아가져서 말씀대로 수행할지니라. 이제 내가 중생을 애민하여 특히 이 법을 머물게(유留) 하노라.

송왈,
만일 이전에 복과 지혜 닦지 안했던들
이 정법을 능히 듣지 못 할지라.
이미 모든 부처님을 시봉함일세.
이 인연으로 이 법을 들었느니라.
저 부처님 세계 즐거움은 한량이 없어서
오직 부처와 또 부처님만이 능히 알지니라.
성문과 연각이 세간에 가득하여
신통과 지혜 다하여도 능히 헤아리지 못 할지라.
대성 부처님께서 묘한 법을 설하사
일체를 제도해 고통을 벗게 하시니
만일 이 경을 수지受持 연설한 자는
참으로 보리에 수승한 벗이니라.

부처님께서 이 경을 설해 마치시니,
이때에 보살 성문과 하늘 용 팔부 신중이 다
기꺼이 받아 가지니라.

극락세계 보살은 중생들을 인도하여 모든 애착을 버리도록 하고,
세 가지 때를 영원히 여의게 하여, 갖가지 신통에 자재하게 노닐게 하느니라.
인력 · 연력 · 원력으로 선근이 생기게 하고, 일체 마군을 꺾어 항복시키며,
제불을 존중하고 받들어 모시니라. 그러므로 보살은 세간의 밝은 등불이고,
수승한 복전이며, 수승한 길상이며, 모든 중생들의 공양을 받을 만하니라.
- 불설무량수경

○ 나선비구경

국왕이 (아라한인) 나선 사문에게 묻되, "사람이 평생에 나쁜 짓 하다가 죽을 때에 염불하여 극락세계 간다는 것은 내가 믿지 않습니다."

나선스님이 답하되, "큰 돌이라도 배에 실으면 빠지지 아니하고 작은 돌도 그대로 놓으면 가라앉는 것이니, 그와 같이 부처님 힘을 의지하면 죄가 있어도 정토에 갈수 있습니다."

[나선 존자] "대왕이여! 극히 작은 돌맹이는 강물에 뜰까요?"
[미란 왕] "뜨지 않겠지요."
[나선 존자] "그러면 100근의 큰 무거운 돌이라도 배에
실으면 물에 뜰까요?"
[미란 왕] "물론 뜨지요."
[나선 존자] "대왕이여! 일념의 신심도 그와 같이 아무리
죄업 많은 중생이라도 부처님께 지성으로 귀의한다면
그 신심공덕으로 죄업은 소멸되고 극락국토에 태어나게
되는 것입니다."
- 나선비구경(미란다왕문경)

○ 업보차별경

고성으로 염불하고 경 읽는데 십종 공덕이 있
으니
①은 능히 잠을 제하고
②는 마군이가 겁내고
③은 소리가 시방에 두루 하고
④는 삼악도의 고가 쉬고
⑤는 바깥 소리가 들리지 아니하고
⑥은 마음이 산란치 않고
⑦은 용맹정진勇猛精進 함이요,
⑧은 제불諸佛이 기뻐하시고,
⑨는 삼매가 현전現前하고
⑩은 정토에 나느니라.

예불할 때 한번 절함에 무릎 밑으로 금강제金
剛際에 이르도록 한 티끌마다 한 전륜왕 위가

되고 십종 공덕을 얻나니

①은 묘한 몸을 얻고

②는 말함에 사람이 믿어주고

③은 대중에 사는데 겁냄이 없고

④는 제불이 보호하시고

⑤는 큰 위의를 갖추고

⑥은 여러 사람이 따르고

⑦은 모든 하늘이 공경하고

⑧은 큰 복보福報를 갖추고

⑨는 명이 마침에 정토에 왕생하고

⑩은 속히 열반을 증득 하니라.

○ 관불삼매해경

염불삼매를 성취하는데 다섯 인연이 있으니
①은 계행을 잘 지키고
②는 사견을 일으키지 말고
③은 아첨하며 교만하지 말고
④는 성내고 질투하지 말고
⑤는 용맹정진 할지니라.

○ 지장경

너희들이 살생한 것으로 음식을 차려 놓고 제사를 지내면 망인亡人에게는 털끝만한 이익도 없고 죄업罪業만 맺게 되어 업장이 깊어질 뿐이다.

가령 내세나 현세에 성분聖分을 얻어 인간과 천상에 날 것이라도 임종 시에 권속眷屬들이 악인惡因(살생)을 지은 인연으로 망인에게 누가 되어 인간 혹은 천상에 나는 일이 늦어질 것이어든, 하물며 망인亡人이 전생에 선근이 없으면 본업에 따라 악보를 받게 되겠거든, 어찌하여 권속의 잘못으로 망인의 업을 더하게 하랴.

비유컨대, 먼 곳에서 오는 사람이 양식이 끊어진지 삼일이 되었는데 짊어진 짐은 무게가 백근이어늘 이웃 사람을 만나 다른 물품을 더

얻는다면 짐이 무거워서 꼼짝할 수 없는 것과 같으니라.

지장십륜경地藏十輪經에는 "일백 겁劫동안 관세음보살을 염불하는 것이 일식경一食頃 지장보살을 염불하는 것만 같지 못하다" 하였다.
석정토군의론釋淨土群疑論에는 "다겁多劫 중에 지장보살을 염불하는 것이 아미타불의 일성一聲을 염불하는 것만 같지 못하다" 하였다.
귀원직지歸元直指에는 "사천하四天下의 칠보로써 불, 보살, 연각, 성문 등에 공양함이 사람에게 염불 일성을 권하는 것만 못하다" 하였다.
-연종집요

○ 고음성왕경

만일 사부 대중이 아미타불 명호를 생각하면 죽을 때에 부처님과 성중이 접인接引하여 정토에 왕생 하느니라.

대승경전은 모든 부처님의 스승이다.
최고의 깨달음인 무상정등정각과 보리菩提가 모두 대승경전에서 나온다.
관무량수경에서 세 종류의 정업행淨業行과 상품상생으로 태어나는데
모두 대승경전 독송 왕생의 행行이 되고 있다.
-정토지귀집

○ 법화경

이 경전을 듣고 말씀대로 수행하면 이에 목숨이 마침에 곧 안락세계 아미타불과 큰 보살이 둘러싸인 곳에 가서 연화 중 보좌寶座 위에 나서 보살의 신통과 무생법인을 얻고 마침내 눈뿌리가 깨끗하여 7백만 7천억 나유타 항하사와 같은 제불을 보게 되느니라.

만일 사람이 산란한 마음이라도 절에 들어가서 한번 나무불南無佛을 부르면 다 불도를 이룰지니라.

나무불南無佛 염불로 전염병을 구제하시다

세존께서 마침 전염병에 허덕이는
이 백성들이 한꺼번에 일심一心으로
부처님 명호名號(나무불)를 부르면서
병고에서 벗어나려고 하는 것을 들으시고는,
곧 여러 비구들과 함께 그 부락에 가셔서
대비하신 마음으로 민중들을 제도하되
선한 법을 닦도록 권유하시자,
전염병 퍼뜨리는 귀신이 한꺼번에 다 물러나
흩어져 다시는 후환이 없었다.
-찬집백연경

○ 유마경

보살이 정토를 얻고저 할진댄 마땅히 그 마음을 맑힐지니, 그 마음이 깨끗하면 곧 불토,佛土,가 깨끗하니라. 한번 부처님 명호를 부르면 이 선근으로 큰 열반에 들어가서 가히 다하지 못하니라.

유마힐이 말하였다.
"보살이 여덟 가지 법을 성취하게 되면
이 사바세계에서 행에 흠이 없고 정토에 태어날 수 있습니다.
그것은 중생에게 이익을 주어도 그 보답을 바라지 않고,
모든 중생을 대신하여 온갖 괴로움을 받고,
지은 공덕은 낱낱이 남에게 베풀어
중생에게 평등한 마음을 가져 겸허하고 걸림이 없으며,
많은 보살에게는 부처님을 대하듯 하고,
아직 들은 적이 없는 새로운 경전을 들어도 이를 의심하지 않고,
성문(聲聞)과도 등 돌리지 않으며,
남이 받는 공양을 받아도 시기하지 않고
자기가 얻은 이득을 뽐내지 않으며,
더욱 그러한 가운데 자기의 마음을 조복하여
항상 자신의 잘못을 반성하고 남의 단점을 꼽아 내지 않으며,
항상 한결같은 마음[一心]으로 온갖 공덕을 구합니다.
이것이 여덟 가지입니다."
- 유마경

○ 열반경

보살이 육념이 있는데, 염불이 첫째 되느니라.

○ 대비경

한번 부처님 명호를 부르면 이 선근으로 큰
열반에 들어가서 가히 다하지 못하니라.

큰 바다에서 목욕한 사람은 이미 온갖 냇물을 다 쓴 것과 같이
부처님 명호를 염하는 사람은 반드시 온갖 삼매를 한꺼번에 이룬다.
마치 수정주를 탁한 물에다 넣으면 아무리 탁한 물이라도
맑아지지 않음이 없는 것처럼 어지러운 마음에다 염불을 던지면
아무리 어지러운 마음이라도 부처를 이루지 못함이 없는 것이다.
- 비석화상 〈염불삼매보왕론〉

○ 좌선삼매경

보살이 좌선 할 적에 일체를 생각지 않고 오직 한 부처만 생각하면 곧 삼매를 얻느니라.

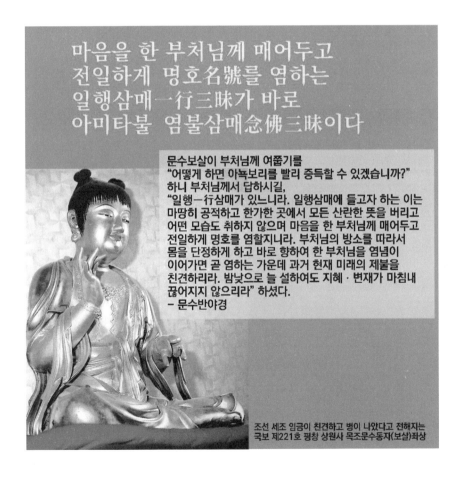

마음을 한 부처님께 매어두고
전일하게 명호名號를 염하는
일행삼매一行三昧가 바로
아미타불 염불삼매念佛三昧이다

문수보살이 부처님께 여쭙기를
"어떻게 하면 아뇩보리를 빨리 증득할 수 있겠습니까?"
하니 부처님께서 답하시길,
"일행一行삼매가 있느니라. 일행삼매에 들고자 하는 이는
마땅히 공적하고 한가한 곳에서 모든 산란한 뜻을 버리고
어떤 모습도 취하지 않으며 마음을 한 부처님께 매어두고
전일하게 명호를 염할지니라. 부처님의 방소를 따라서
몸을 단정하게 하고 바로 향하여 한 부처님을 염념이
이어가면 곧 염하는 가운데 과거 현재 미래의 제불을
친견하리라. 밤낮으로 늘 설하여도 지혜 · 변재가 마침내
끊어지지 않으리라" 하셨다.
- 문수반야경

조선 세조 임금이 친견하고 병이 나았다고 전해지는
국보 제221호 평창 상원사 목조문수동자(보살)좌상

○ 대집경

만일 사람이 한 부처만 생각하여 혹 다니거나
혹 앉아서 칠칠(49)일을 계속하면 현신現身에
부처님을 보고 곧 왕생을 얻느니라.

아미타불이야말로 광명중에서 가장 밝으시고
부처님들 중의 왕이시다.
아미타불의 명호를 부르면
아미타불의 본원과 대비하신 원력을 따라
열 번의 염불이나 한 번의 염불로도 오히려 왕생하는데,
하물며 일심으로 부처님을 억념(憶念)하는 일이겠는가.
- 문수반야경

○ 무상경

사람이 장차 목숨이 마칠 때에 몸과 마음이 매우 고통할지니, 병인病人으로 하여금 부처님 얼굴을 보게 하여 마음과 마음이 서로 이어 보리심菩提心을 발하게 하고, 다시 말하되 삼계는 살기 어렵고 삼악도는 고통뿐이요, 오직 부처님 보리에 참으로 귀의할 것이라 할지니라.

○ 일향 출생 보살경

아미타불이 이전에 태자가 되시어 이 미묘 법
문을 듣고 받아 가져 정진하되, 7천 세 동안
을 옆구리를 자리에 대이지 않고 애욕과 재물
을 생각지 아니하고 다른 일을 묻지도 아니하
고 항상 홀로 거처 하며 뜻이 경동치 않으니
라.

여러 가지 수행하는 문이 있지마는 염불보다 나을 것이 없으며,
삼보에게 공양하고 복과 지혜를 닦으라.
이 두 문이 가장 긴요하나니라. 왜냐하면 나는 지나간 겁에
부처님을 관하고 부처님을 염하고 부처님께 공양한 인연으로
지금 일체종지一切種智를 얻었노라. 그러므로 모든 법과
반야바라밀다와 깊은 선정과 내지 여러 부처님이 모두 염불로부터
낳느니라. 염불하는 것이 여러 가지 법중에 왕이니라.
너는 마땅히 위 없는 법의 왕을 항상 염하고 쉬지 말라.
- 〈문수성행록〉에서 문수보살이 법조대사에게

석가족 7만 명이 왕생극락하다

**7만 석종釋種(석가 종족)은
지혜를 결정한지라 이런 고로,
불법 가운데 신심을 결단하여
편안히 머무도다.
인간세상의 명命이 다하면
안락국(극락국)에 나서
아미타불을 뵈옵고
두려움 없이 보리를 이루리라.
-석가 세존, 보적경**

석가족 유적이 있는
네팔 카필라바수투

○ 보적경
부처님 혈족 7만 명이 왕생극락하다

석가모니부처님이 부왕(정반왕)에게 고하사대 "일체 중생이 다 부처이니, 대왕이 지금 서방 아미타불을 생각하여 부지런히 정진하면 불도를 얻으리다."

왕이 말하되 "일체 중생을 어찌 부처라 하나이까?"
부처님이 말씀 하시되, "일체법이 나는 것도 없고 움직임도 없고, 취하고 버림도 없고, 얼굴도 없고 자성도 없는 것이니, 오직 이 불법 가운데 마음을 편안히 머물고 다른 것은 믿지 마옵소서."

이때에 부왕과 7만 석종釋種(석가모니부처님의 혈족

인 석가 종족)이 이 법문을 듣고 믿어 알며 기뻐하여 무생법인無生法忍(나고 죽음이 없는 진리)을 깨달으니, 부처님이 가늘게 웃으시면서 계속으로 설하시되,

"석종釋種은 지혜를 결정한지라 이런고로 불법 가운데 신심을 결단하여 편안히 머무도다. 인간에 명命이 마치면 안락국(극락국)에 나서 아미타불을 뵈옵고 두려움 없이 보리를 이루리라."

○ 십주단결경

이때에 좌중에 4억 대중이 있는데 여기 죽고
저기 나서 윤회가 끊어지지 않는 것은 욕심이
근본이 되는 줄 알고 욕심 없는 나라에 나고
저 하거늘 부처님이 말씀하시되, "서쪽으로 많
은 나라를 지나서 부처가 있으니 이름이 무량
수無量壽라. 그 나라가 깨끗하여 음욕과 성냄과
어리석음이 없고 연꽃에 화생하며 부모를 경
유치 아니하니 너희들이 마땅히 거기에 날지
니라."

○ 보적경

다른 세계 중생이 아미타불 명호를 듣고 내지 한 생각이라도 바른 신심을 내어 기뻐하고 즐거워하며 모든 착한 공덕을 회향하여 극락세계에 나기를 원하는 자는 원대로 왕생하여 불퇴전을 얻어 곧 성불 하느니라。

○ 수원왕생경

부처님 국토가 한량이 없거늘 온전히 극락세계만 구하는 것은 무슨 인연인고?

첫째 인(因)이 승함이니 십념이 인이 되는 연(緣)고요, 또는 연이 승함이니 48원으로 널리 중생을 제도하시는 연고니라.

보광보살이 부처님께 묻기를, "시방에 다 정토가 있거늘 부처님께서는 하필 서방 미타정토만 칭찬하여 왕생을 생각하시나이까?"

부처님이 보광에게 고하사대, "염부제 중생이 마음이 흐리고 혼란할 새, 이를 위하여 서방 일불 정토를 칭찬하여 모든 중생으로 하여금 한곳에 마음을 모아 곧 왕생을 얻게 하나니, 만일 여러 부처님을 생각하여 염불 경계가 넓으면 마음이 헐어져서 삼매를 이루기 어려운 고로 왕생치 못 하느니라."

○ 칭양제불공덕경

만일 무량수 이름을 들은 자가 일심으로 믿고
기뻐하면 그 사람은 생전에 한량없는 복을 받
고, 임종시에 아미타불이 모든 비구로 더불어
그 사람 앞에 나투시니, 마군이가 능히 그 정
각심을 깨트리지 못 하느니라。

○ 목련소문경

부처님이 목련에게 고하사대, "비유컨대 일만 강물이 흘러가는데 풀과 나무가 떠서 앞은 뒤를 돌아보지 아니하고 뒤는 앞을 돌아보지 아니하되 모두 바다에 모이나니, 세상도 이와 같아서 비록 부귀하고 호걸이라도 다 생·노·병·사를 면치 못하는 것은 다못 불경을 믿지 아니하여 부처님 나라에 나지 못한 때문이니, 이런 고로 나는 말하되 무량수불 나라는 가기가 쉽다 하여도 사람이 수행하지 아니하고 도리어 96종 사도를 섬기니 나는 말하되 이런 사람은 눈 없는 사람이요, 귀 없는 사람이라 하노라."

○ 대운경

선남자야 서방에 한 세계가 있으니 이름은 안락이요, 그 세계에 부처님이 계시니 호는 무량수無量壽라. 이제 현재하시어 항상 중생을 위하사 바른 법을 강설 하시느니라.

부처님의 말씀에 의하면 말법시대에는 정토염불법문을 의지해 생사에서 벗어날 수 있다고 하셨습니다. 왜냐면, 정토법문은 이행도(易行道)이며, 특별한 지름길[特別捷徑]의 법문이니까요. - 불력수행

○ 대품경

만일 사람이 산란심으로 염불하여도 그 복이
다 함이 없거든 하물며 정한 마음으로 염불함
이리오. 위로는 일심불란一心不亂과 아래로는
십념十念으로 성공 하느니라.

○ 기신론(마명보살 저)

다시 중생이 처음 이 법을 배워 바른 신信을 구하고저 하되, 마음이 겁약해서 이 사바세계에 있어서는 항상 모든 부처님을 만나 친히 공양치 못함을 겁내고 신심이 성취하기 어려울까 두려워해서 뜻이 물러가려고 한 자는 부처님께서 좋은 방편으로 그 신심을 보호하나니 이르시되, "일심으로 염불한 인연으로 원을 따라 타방 정토에 왕생하여 항상 부처님을 뵈옵고 길이 악도를 떠나게 되리라" 하나니, 경전의 말씀과 같이 만일 사람이 일심으로 서방 극락세계 아미타불을 생각하며 모든 복과 선을 회향하여 저 세계에 나기를 원하면 곧 왕생을 얻어 항상 부처님을 뵈옵는 고로 퇴전이 없나니, 만일 저 부처님의 진여眞如 법신法身을 보아 부지런히 닦으면, 필경 왕생하여 정정취正定聚에 머무는 연고이니라.

나무아미타불 염불念佛은 왕생성불往生成佛하는 법

수다라(經)에서 말씀하신 바와 같이,
오직 한마음으로 서방정토 극락세계의 아미타부처님을 생각(염불念佛)하고
그 닦은 바 공덕을 그 국토에 나기 위한 발원과 갈구함을 위하여 회향한다면
곧 왕생하여 항상 아미타부처님을 뵈옵기 때문에 영원히 퇴전하지 않는다.
만약 저 부처님의 진여법신眞如法身을 관하고 항상 부지런히 이를 닦아 익히면
필경 그곳에 왕생하여 정정正定(퇴전 없는 지위)에 머물기 때문이다.
-마명보살, 대승기신론

○ 왕생론(천친보살 저)

만일 선남자 선여인이 오념문(五念門)의 행을 닦아 성취하면 필경 안락(극락)국에 아미타불을 뵈올 지니라. 어떤 것이 오념문인고 ①은 예배문 ②는 찬탄문 ③은 원願을 세우는 문 ④는 관찰문, ⑤는 회향문이다.

어떤 것이 예배인고? 몸으로 아미타불께 절해서 정토에 나고자 함이요.

어떤 것이 찬탄인고? 입으로 저 부처님 이름과 저 같은 부처님 광명 지상智相과 저 같은 명의名義를 찬탄하여 진실히 수행해 서로 응하고저 함이요.

어떻게 원을 짓는가? 마음으로 항상 원을 지으며 일심으로 필경 안락(극락)국에 왕생하기를 생각하여 진실히 사마타(지止·집중·내려놓음)를 수행코저 한 연고요.

어떻게 관찰하는고? 지혜로 관찰하고 바른 생각으로 저를 보아서 진실히 비바사나(관觀)을 수행하고자 한 연고라. 저 관찰 하는데 3종이 있으니, ①은 저 부처님 국토의 장엄·공덕을 관찰하고 ②는 아미타불의 장엄공덕을 관찰하고 ③은 저 모든 보살의 장엄·공덕을 관찰함이니라.

어떻게 회향하는고? 일체 고뇌 중생을 버리지 아니하고 마음으로 항상 원을 세워 회향을 제일 삼아 큰 자비심을 성취 시킨 연고니라.

○ 대지도론(용수보살 저)

염불삼매는 능히 모든 번뇌와 선세 죄업을 제하나니, 다른 삼매는 혹 음심만 제하고 진심嗔心은 제하지 못하며 혹 진심만 제하고 음심은 제하지 못하며 혹 치심만 제하고 음심·진심은 제하지 못하며, 혹 삼독은 제하고 선세 죄업은 제하지 못하지만은, 이 염불삼매는 능히 모든 번뇌와 모든 죄를 없애니라. 또는 보살이 항상 염불을 좋아하므로 몸을 버릴 때나 몸을 받을 때에 항상 부처님을 만나니라. 중생이 음욕심이 많으면 음탕한 새가 되고, 성내는 마음이 많으면 독한 벌레가 되는 것과 같아서 보살은 전륜성왕과 인간·천상의 복을 탐하지 아니하고 다못 부처님만 생각하는 고로, 마음 중함을 따라 몸을 받느니라. 또는 보살이 항상 염불삼매를 닦는 인연으로 나는 곳마다 부처님을 보나니, 반주삼매경에 말씀과 같이 보살이 이 삼매에 들면 곧 아미타불 나라에 나느니라.

염불念佛이란
본래 부처와 하나임을 확인하는 수행

염念이란 각 사람마다 일으키는 현재의 한생각을 말하고
부처佛란 사람마다 깨달은 참 성품이다.
지금 한생각一念으로 불성佛性을 깨달아 간다면
이는 곧 근기가 수승한 사람의 염불로서
부처와 하나임을 확인하는 것이고
본래 부처인 자리를 떠나지 않는 수행이다.
_ 용수보살의 대지도론大智度論

龍樹菩薩

凉清竟究

송경誦經 염불하는 중생 선신이 옹호하니
물에 들어 안 빠지고 불에 들어 아니 탄다

나무아미타불

팔만 대장경이 모두
다 불법이구나
경중이 있을 소냐
어느 경 하나라도
수지 독송하는 중생
반드시 악취 떠나
불지에 들어가리
일념 수희한 공덕도
만겁 적악 깨뜨리고
사구게를 믿는 신심
삼계에 대 법사라
경전 있는 곳이
부처님 계신 데요
경을 읽는 중생
부처님의 사자로다
어허 중생들아
경을 받아
읽고 또 읽어라

─원효보살,「인과의 노래」

○ 유심안락도(원효대사 저)

문問 왈, "중생의 악업이 심히 무거워 정토를 장애하여 작은 선근으로 능히 제하지 못할 것이거늘 어찌하여 『관경』에 임종시에 십념十念하면 곧 왕생한다 하나이까?"

답答 왈, "마음은 업의 주인이요, 수생受生의 근본이라, 임종의 마음이 눈과 같아서 능히 일체 업을 인도하나니, 만일 임종에 마음이 악하면 일체 악업을 이끌고, 마음이 착하면 일체 선업을 이끄나니, 용이 행하는 곳에 구름이 따르는 거와 같이 마음이 만일 서쪽으로 가면 업도 또한 따르나니라."

또 묻되, "중생의 죄업이 산 같이 쌓였거늘 어찌 십념十念 동안에 다 없애리오. 가령 백천만 편이라도 오히려 적은 것 같으며, 만일 악업을 없애지 않으면 어찌 정토에 나리잇가?"

답 왈, "세 가지 뜻이 있으니 ①은 만일 임종 시에 정념正念이 현전現前한 자는 이 마음이 능히 전생과 금생에 지은 선업을 이끌어 곧 왕생을 얻음이요. ②는 부처님 이름은 만 가지 덕으로 이룬 것이니, 능히 일념으로 불명을 염하는 자는 곧 일념 중에 만덕을 생각하여 죄업을 멸함이니, 고로 『관경』에 '부처님 이름을 부르는 고로, 생각 생각마다 80억겁 생사의 죄를 멸한다' 하였고, ③은 무시無始 악업은 망심으로 생기고, 염불 공덕은 참된 마음으로 일어나나니, 참 마음은 해와 같고 망심은 어두움과 같은지라, 참 마음이 일면 망념이 곧 없어져 해가 처음 떠오르매, 어두움이 다 없어짐과 같으니라."

가르침은 법화를 종으로 삼고
행은 아미타불 염불에 두다

教宗法華 行在彌陀

天태지자대사께서는 천태종의 제1대 조사로
한평생 법화경을 홍양하셨지만,
염불하여 정토에 태어나길 구하셨습니다.
즉 가르침은 법화를 종으로 삼고
행은 아미타불 염불에 두었습니다

- 정공법사 《관세음보살보문품 심요》

○ 십의론十疑論(지자대사 저)

문 왈, "가령 구박具縛 범부가 저 나라에 날지라도 사견과 삼독이 항상 일어날지라. 어찌 저 나라에 나면 불퇴不退를 얻어 삼계를 뛰어난다 하나이까?"

답 왈, "저 나라에 나면 다섯 가지 인연 불퇴가 있으니, ①은 아미타불께서 큰 자비와 원력으로 섭지攝持하신 고로 불퇴요. ②는 부처님 광명이 항상 빛인 고로 보리심이 항상 자라서 불퇴함이요. ③은 물과 새와 바람과 나무가 다 고苦와 공空을 설하여, 듣는 자가 항상 부처님을 생각하고 법을 생각하고 스님을 생각하는 마음을 일으키는 고로 불퇴요, ④는 저 나라는 순전히 보살들로 좋은 벗을 삼고 나쁜 인연과 경계가 없어서 밖으로 귀신과 마군이가 없고, 안으로 삼독과 번뇌가 없어서 필경 물러가지 않는 고로 불퇴요. ⑤는 저 나라에 남에 곧 목숨이 길어 불보살과 같은 고로 불퇴를 얻느니라."

대개 한결같이 무생無生을 관찰하는 사람은 다만 마음의 이익됨만을 믿고 바깥으로 제불의 위신가피력은 믿지 않으려 한다. 그러나 경에 이르기를 '안도 아니고 바깥도 아니로되 또한 곧 안도 되고 바깥도 된다고 하였으니, 곧 안으로 제불의 해탈을 심행心行 가운데서 구하며 또 밖으로는 제불께서 반드시 호념護念하시는 것이다. 그러니 어찌 밖의 이익됨은 믿지 않으려 하는가? -천태지자대사

○ **왕생정토참원의**往生淨土懺願儀(자운대사 저)

앉으나 다니나 다 산란치 말며 잠간이라도 오
욕을 생각지 말고, 외인을 대접하고 말하고
희롱하고 웃지 말며, 또한 일을 청탁해 늦추
고 방일하고 잠자지 말며, 마땅히 눈 깜작이
고 숨 쉴 동안이라도 염불 생각을 놓지 말지
니라.

○ 정토혹문(천여선사 저)

혹或이 문 왈, "염불 왕생의 법문을 많이 들어 의심이 풀리고 바른 신信이 생기나 다못 위에 말한 바 몸과 마음을 거두고 세상 일을 버리는 것은 경계가 순편하고 마음이 한가한 자는 가히 행하거니와, 그 세상일을 버리지 못한 사람은 어떻게 가르치리까?"

답 왈, "세상 사람이 만일 절실히 무상無常을 생각하고 마음을 간절히 쓰는 자는 고와 락과 역경逆境과 순경順境과 고요함과 시끄러움과 한가함과 바쁨을 말하지 말고, 공무나 사무나 치산治産(재산관리), 접빈接賓(손님 접대) 등 만 가지 일을 할지라도 염불과는 서로 방해가 없나니 백락천 송에 「아침에도 아미타요 저녁에도 아미타라 비록 화살 같이 바쁘더라도 아미타를 떠나지 않을지라」하였으니, 모름지기 바쁜 중에 한가함을 취하고 시끄러운 중에 고요함을 취하여, 매일 삼만이나 만이나 천이나 염불하여 일과를 정해 놓고 하루라도 허송하지 말며, 또한 특별히 바빠 잠간도 여가가 없는 자는 매일 새벽마다 십념을 할지니, 오래오래 적공積功하면 또한 허사가 안 될 것이요. 염불 밖에 송경誦經 예불禮佛 참회懺悔 발원發願하며 복도 짓고, 인연을 맺으며, 힘 따라 방생과 보시布施 등 모든 공덕을 지으며, 작은 선이라도 반드시 정토에 회향할지니 이와 같이 하면 결정코 왕생만 할 뿐아니라 또한 품위品位도 높을지니라.

무엇이 염불인가?
부처님이 얻은 것을 나도 얻게 하소서 하고
이 생각을 가지는 것이다. 이 염불에 9가지가 있다.
1. 부처님의 가르침을 생각하는 것이요.
2. 부처님과 보살을 생각하는 것이요.
3. 부처님의 행위를 생각하는 것이요.
4. 부처님의 청정함을 생각하는 것이요.
5. 부처님의 수승殊勝함을 생각하는 것이요.
6. 부처님의 불퇴전不退轉을 생각하는 것이요.
7. 부처님의 교화를 생각하는 것이요.
8. 부처님이 끼치시는 이익을 생각하는 것이요.
9. 부처님의 깨달음을 생각하는 것이다.
- 십지론十地論

제조諸祖법어절요

(조사의 정토법문이 항하사 같지만 이것만 적는다)

마음이 범부이면 탐진치貪瞋癡의 3독三毒 번뇌로 자신을 얽어매고,
마음이 성인이면 6신통六神通이 자유자재하다.
마음에 생멸하는 번뇌가 공적하면 그 경지를 따라 일심중도가 청정하고,
마음에 분별이 있으면 모든 세계가 종횡무진 상대적인 모습으로
눈앞에 떠오른다.
- 영명연수 대사의 <종경록>

○ 영명선사 법어

혹이 문 왈, "다못 견성해서 도를 깨치면 생사를 벗어나거늘, 하필 저 부처를 생각하여 타방에 나고저 하나이까?"

답 왈, "참으로 수행하는 사람은 잘 살필지니, 사람이 물을 마셔 보아야 차고 더움을 아는 거와 같이 이제 귀감龜鑑을 두어 의혹을 파破하노라. 모든 어진이여, 자기의 행해行解(실천과 깨달음)와 실득實得(실질적인 증득)을 보건대 견성하고 도를 깨쳐 부처님 수기를 받고, 조사위에 이르기를 능히 마명과 용수와 같겠는가? 걸림 없는 변재를 얻고 법화삼매를 증득하기를 능히 지자대사와 같겠는가? 종宗과 설說을 다 통하고 행해行解 겸하기를 능히 충忠 국사와 같겠는가? 이 모든 대사께서 다 말과 교를 펴 왕생을 권하였으니, 이것은 내가 이롭고 다른 이도 이롭게 함이라. 어찌 나와 남을 그르치기 좋아 하리요. 하물며 부처님께서 정녕히 찬탄하시고 모든 성현이 부처님의 가르침을 받아 어기지 않으니라."

"『왕생전』에 실린 고금의 높은 선배, 사적이 한 없이 많으니 잘 보아 알지어다. 또 스스로 헤아리건대 목숨이 마칠 때에 생사 거래를 능히 자재하겠는가? 무시無始로 오므로 악업의 중한 장애障碍가 나타나지 않겠는가? 현재 이 몸이 능히 윤회를 벗어나겠는가? 삼악도 여러 종류 가운데 자유로 오고 가되 고뇌가 없겠는가? 천상·인간과 시방 세계에 마음대로 의탁하되 능히 걸림이 없겠는가? 만일 그렇지 못할진대 한때 공고한 마음으로 영겁의 고통을 장만하여 큰 이익을 잃지 말지어다. 장차 누구를 원망하리요. 슬프고 슬프도다."

○ 각명묘행보살 법어

정토 닦는 법은 온전 전全, 부지런할 근勤, 두 자에 넘지 않으니 온전한 즉 한 일도 달리 할 것이 없고, 부지런한 즉 한 때도 허송하지 않으리라. 네가 새벽에 일어나 미타경 한 권 외우고 아미타불 천 번 부르고, 불전을 향하여 발원문 읽고, 절을 백번 할지니, 이것이 한번 과정이라, 처음에는 네 번 하고 차차 올라서 여섯 번, 열두 번까지 하면 좋으니라. 또 염불하는 법은 글자 글자와 글귀 글귀에 소리와 마음이 서로 응해서 잡념은 조금도 섞이지 말고 오래오래 성숙하면 결정코 극락에 왕생하여 연꽃에 앉아 불퇴지에 오르리라.

○ 사심선사 법어

너희들이 나무아미타불을 부르고 극락세계에
왕생치 못하면 내가 발설지옥에 들어가리라.

마음속의 때를 깨끗이 씻고 행동을 바꾼다면
부처님께서 저절로 감응하여 가피를 내리시어
원하는 바를 모두 얻게 되리라.
-불설무량수경

세종 영평사 아미타석불

○ 자운대사 교량 염불 공덕설

『대반열반경』에 가로되, 가사假使 한 달에 항상 의衣·식食으로 일체중생을 공양하더라도 한번 염불하여 얻는 공덕 16분의 1 보다 적으며, 만일 의·식·주·약으로 삼천대천세계 중생에 공양하더라도 발심해 부처님께 한 자국 띄는 공덕보다는 적다 하셨다. 널리 재가在家 신심 있는 남녀에게 권하노니, 매일 새벽에 정淨한 옷과 깨끗한 마음으로 불전에 예배하되 참 부처님과 다름 없이하며 하루도 빠지지 말고, 혹 한가하거든 조석으로 예배하는 게 더욱 좋으니라. 한번 염불과 한번 부처님을 향해 예배하는 공덕이 이같이 수승하거든 항차 무한히 염불하고 자주 부처님을 뵈옴이리오. 많은 업장을 소멸하고 한량없는 공덕을 얻으리라.

○ 선도화상 법문

점점 닭의 껍데기와 학의 털과 같이 되며 보고 보니 걸음걸이가 흔들리고 비틀 거린다. 가사 금과 옥이 창고에 가득 찼더라도 쇠잔하고 늙고 병드는 것을 면할 수 없고 천 가지, 만 가지 락을 받을지라도 무상無常은 마침내 오고 마는 것이다. 이 무상과 노병을 면하는 빨리 수행하는 법문이 있으니 다못 아미타불만 생각하여라.

漸漸鷄皮鶴髮　看看行步龍鍾　假饒金玉滿堂　未免衰殘老病
任爾千般快樂　無常終是到來　惟有徑路修行　但念阿彌陀佛

○ 선도대사 전수무간설專修無間說

전수專修 : 중생의 업장이 두텁고 지경은 가늘며, 마음은 추하여 관법을 성취하기가 어려우므로 성인이 불쌍히 여기사 부처님 이름만 전념專念함을 권하였다. 이것은 이름은 부르기 쉽고 상속이 잘 되어 곧 왕생하게 되는 것이다. 생각 생각이 상속하여 목숨 마칠 때까지 이르면, 열이면 열이 왕생하고 백이면 백이 왕생하는 것이니, 그 이유는 바깥 잡연이 없어 정념正念을 얻게 되고 부처님의 본원本願에 서로 응하고 부처님의 가르침을 어기지 아니하고 부처님의 말씀을 순종하는 까닭이니, 이것을 전수專修라 한다.

그러나 전수를 버리고 잡업雜業을 닦아 왕생을 구하는 이는 백에 하나 둘이나, 천에 삼·사

인밖에 왕생하지 못하나니, 그 이유는 잡연雜
緣이 어지럽게 움직여, 정념을 잃고 부처님의
본원과 서로 응하지 못하고, 부처님의 가르침
을 어기고 부처님의 말씀을 순종하지 않고 생
각이 상속相續하지 못하고, 생각이 상속하여
부처님 은혜를 갚을 마음이 없고, 비록 업행業
行이 있으나 항상 명리와 서로 응하고 잡연雜
緣이 가까움을 좋아하여 정토에 왕생함을 스
스로 장애하는 까닭이니라.

무간수無間修 : 몸으로는 아미타불께만 예배하
고, 입으로는 아미타불만 부르고 뜻으로는 아
미타불만 생각하며, 만일 성냄과 탐냄과 어리
석음을 범하였거든 시간을 지체하지 말고 곧
참회하여 항상 깨끗하게 할 것이니, 이것이
무간수無間修니라.

○ 우익대사 법어

염불문이 백 천 법문을 섭수攝受하나니, 염불은 정행正行이 되고 계戒, 정定, 혜慧는 조행助行이 되어, 정과 조를 합하면 순한 바람을 만난 배와 같을 것이고, 다시 줄을 당기면 저 언덕에 빨리 이를 것이니라. 염불의 법이 비록 많으나 이름(아미타불) 부름이 제일 간편하고 그중에도 염주를 세는 게 좋으니라.

○ 호계존자 법어

염불하는 사람이 정토에 나고저 하거든 항상 생각하되 세상은 모두 무상하여 이룬 즉 무너짐이 있고 난 즉 죽음이 있나니, 만일 불법을 듣지 못하면 육도에 윤회하여 벗어날 기한이 없을지라. 내 이제 인연이 있어 정법을 듣고 정업淨業을 닦아 부처님을 생각하니, 이 몸을 버리면 마땅히 정토에 나서 모든 쾌락을 받고 길이 생사를 벗어나 보리도菩提道에 물러나지 않으리니, 이것이 대장부의 평생에 능히 할 일이니라. 조금 병이 있거든 마음을 놓고 걱정하지 말며, 서향西向하여 앉아서 아미타불과 관세음보살과 대세지보살과 많은 보살이 앞에 계심을 생각하고 일심으로 나무아미타불을 불러 소리 소리가 끊어지지 않게 하고 일체 일은 생각지 말고 혹 잡념이 나거든 급히 염불만 하면 염불 소리마다 죄업이 소멸하나니, 다못 이 한 생각이 결정코 정토에 날 것이요, 명이 만일 다하지 안 했으면 자연 편안할 것이니, 절대로 세상에 애착심을 두지 말고 살면 살고 죽으면 죽을 지라. 다못 왕생만 판단하면 무엇을 걱정하리요. 이 같은 이치를 알면 떨어진 옷을 버리고 새 옷 입는 거와 같이 한번 범부의 몸을 버리면 곧 부처 지위에 오르리니 어찌 장하지 아니하리오.

○ 고산법사 법어

대저 정토에 나기를 구하는 자는 다른 이(아미타불)의 힘을 빌림이니, 아미타불께서 받아들이기를 원하시고, 석가불이 권하시며 제불이 호렴하사 셋이 구비한지라, 진실로 신심만 있으면 왕생하기가 극히 쉬우니, 큰 바다를 건너는데 이미 큰 배를 얻고 좋은 사공이 있고 순한 바람이 부니, 반드시 저 언덕에 이를지라. 거기서 배에 즐거히 오르지 않고 험한 길에 빠진 자는 누구의 허물인고?

○ 연서법사 법어

염불하는데 네 가지 요긴한 것이 있으니
①은 너무 고요함을 탐하지 말고
②는 참구하지 말고
③은 망념을 없애려 하지 말고
④는 일심되기를 억지로 구하지 말고
다못 지극한 정성과 간절한 마음으로 매일 천
번이나 만 번이나 한도를 정해 두고 염주를
세면서 숫자에 어김없이 하루도 빠지지 말고
죽을 때까지 정진해 가면 자연 일심이 될 것
이요, 혹 번뇌를 다 끊지 못하여도 신심이 깊
고 원력이 강하며 탐·진·치 삼독심에 끌리
지 않으면 업이 있어도 왕생하나니, 조금도
의심 없느니라.

○ 인광법사 법어

일체 불경은 사람으로 하여금 허물을 고쳐 착
한데 옮기고, 흉凶함을 피하고 길吉한데 나아
가며, 인과因果를 밝히고 불성을 알게 하며, 생
사의 고를 벗어나고 극락정토에 나게 하는 것
이니, 경책을 이르는 사람은 감사하고 만나기
어려운 생각을 내어 깨끗한 손과 정한 책상에
공경심으로 부처님과 하나님을 대하듯 한 즉
한량없는 복을 얻을 것이요, 만일 조심 없이
함부로 하고 천대하거나 또는 좁은 소견을 고
집하여 망령되게 비방한 즉 무한의 죄를 얻어
악도에 떨어지느니라.

莫訝一稱超十地 막아일칭초십지
當知六字括三乘 당지육자괄삼승

한번 명호를 칭념하여 십지를 뛰어넘음에 놀라지 말라.
마땅히 육자명호가 삼승三乘을 포괄함을 알라.
- 인광대사

금동 미륵보살 반가사유상(국보 78호)

그대들에게 권하노니
부지런히 방생을 행하라.
그리하면 마침내 장수하리라.
방생을 할 때 보리심을 발하면
큰 어려움이 닥쳐와도
하늘이 반드시 구해줄 것이다.
勸君勤放生 終久得長壽
若發菩提心 大難天須救
- 미륵보살

○ 계살戒殺 방생放生문(수산스님 저)

부처님 말씀에 "꿈틀거리고 감각성 있는 것은 다 불성이 있다" 하였으니, 저 금수와 벌레도 다 미래의 부처요 혹 과거의 부모도 될 지라, 이 축생들이 이 죄업을 인하여 악도에 빠져서 얼굴은 비록 다를지언정 마음은 사람과 다름없어서 살기를 좋아하고 죽기를 싫어하나니, 이 불쌍한 중생들을 제도하고 살려 주어야 할 것 이거늘 도리어 죽여서 먹는 것은 너무나 악독하지 아니할까.

『능엄경』 말씀에 "사람이 염소를 먹으면, 염소가 죽어 사람이 되고 사람이 죽어 염소가 되어, 너는 내 목숨을 갚고 나는 네 빚을 갚아서 이 인연으로 백천 겁을 지내어도 항상 생사에 있다" 하였으며, 또 경에 말씀

하시기를, "가사 백천 겁을 지내도 지은 업
은 없어지지 아니하여 인연이 만날 때에 과
보를 스스로 받는다" 하였으니 인과의 법칙
은 털끝만치도 어김이 없는지라, 짐승을 먹
는 것이 결국 내 살을 먹는 셈이니 어찌 어
리석고 원통치 않으리오.

『법화경』에 이르시되 "만일 살생을 하고
저 하는 자는 마땅히 내 몸을 삼아 보라.
내 몸을 가히 죽이지 못할지니 남의 목숨도
다름이 없느니라" 하였으니, 천지에 큰 덕
은 살리는 것이라, 나의 구복求福을 위해서
남의 목숨을 뺏는 것은 차마 못할지라. 자
비의 종자를 끊고 한량없는 죄업을 지어 생
전에 수와 복이 감해지고 사후에 악도에 떨
어져 무량겁으로 나오지 못할지니라.

요사이 인구 과잉 문제로 인하여 유산을 시

키는 사람이 있는 모양인데 이것은 더 말 못할 일이다. 하늘과 사람이 같이 성내고 귀신도 미워할지라. 계란 먹는 것도 살생이 되거든 항차 인명을 살해한단 말인가. 무슨 수단을 쓰던지 입태入胎치 않게 함은 무방하나 이왕 생긴 것을 없애는 것은 도저히 용서하지 못할 것이다.

현재 보니 길흉 대사에 어육을 많이 쓰는데 나는 좋아 즐기면서 무죄한 남을 죽이게 되니, 죽는 놈은 얼마나 원통 하겠는가. 원한이 맺히면 나의 복덕이 자연 감하여 좋지 못하나니, 포태胞胎를 하던지 자식을 낳던지 혼례나 생일이나 병 날 때나 직업을 구할 때나 기도나 불사할 때에, 살생은 금하고 도리어 놓아 살려주면 그 음덕이란 말할 수 없이 커서, 암암리에 당자가 큰 복을 받고 소원도 성취되고 좋은 인연이 될 것이요.

초상과 제사에도 살생하면 영가에게 큰 짐이
되고 빚이 되어 설사 좋은 데 갈 혼이라도 살
생을 인연하여 나쁜 데 가는 수가 있으니, 꼭
살생은 말고 도리어 방생하여 천도薦度해주면
영가靈駕만 이고득락離苦得樂 할 뿐 아니라 본인
에게도 큰 복이 되는 것이니 매우 좋은 일이
다.

정토 수행에 세 가지 복이 있는데 첫째, 자
비심으로 죽이지 말라 하였으니 부처님 말
씀을 꼭 믿고 절대로 살생 말고 힘과 인연
따라 방생하여 그 공덕을 정토에 회향하면
왕생은 틀림없을 것이다. 혹 죽는 것을 보
고 구제하지 못할 경우에는 염불하며 극락
왕생을 축원하여 주면 매우 좋은 일이고,
어육을 부득이 써야 될 경우에는 3종 정육
淨肉(나를 위해 죽지 안 한 것, 소리를 듣지 안 한
것, 죽는 것을 보지 안 한 것)을 쓰는 게 무방하

다。지자대사 영명선사 연지대사 외 여러 도인들이 다 방생을 힘쓰고 많이 권하였으니, 우리 후배가 어찌 본받지 아니하리오. 힘쓰고 힘쓸지어다.

극락세계에 화생化生하기 전
연꽃에 미리 새겨진 호적戶籍

죽은 지 7일만에 소생한 14살의 위세자가 무량수경을
다 독송하고 그의 아버지에게 하는 말이 "제가 극락
세계에 왕생하여 가보니 우리 세 사람은 모두 커다란
연꽃에 이름이 써 붙어 있어 다음에 이 연꽃에 화생
하게 될 것이라고 되어 있는데, 오직 어머니 것만은
없어서 도저히 그냥 견딜 수가 없어서 알려주려고
부처님의 신력神力으로 다시 오게 된 것입니다."라고
말을 하고는 그대로 다시 왕생극락 하였다. 그 말을
듣고 난 그의 어머니는 그때서야 불법의 진실함을
믿게 되었으며 극락세계가 실지로 있는 것임을 확
하고는 열심히 염불을 하게 되었다는 것이다.
-염불각자열전

○ 극락정토는 실제로 있다

어떤 이가 말하기를 "부처님이 경전에 극락
세계를 말씀하신 것은 방편 가설이라 내 마
음에 정토가 있고 자성에 미타불이 있는데
마음 밖에 무슨 극락세계가 있겠는가" 한
다.

내가 답하되, 이 말은 매우 틀리는 것이다.
이치로써는 유심정토唯心淨土와 자성미타自性
彌陀가 있고 사실로써는 서방정토에 아미타
불께서 설법하고 계신다. 경전을 인용하여
증명하고저 한다.

대승 경전이 620여 부인데 그중에 염불과
정토법문 설한 것이 270부가 되니, 거의 경
전의 반수를 차지하는 것이다. 그중에 털끝

만큼 뽑아서 말하려 한다.

경전에 세계의 이름과 사람 사는 형편을 소
상히 말씀하셨는데, 어떤 국토는 사람의 눈
썹은 길고 눈은 하나만 있는 데도 있고, 어
떤 국토는 사람이 먹지 않고 입지도 않고
잠만 자는데 한번 잠들면 오십년 동안 깨지
않는 데도 있고, 어떤 국토는 가슴에 구멍
이 뚫려있는 데도 있다고 하셨다. 예로써
해인사에 휘낭조사 등상은 가슴에 구멍이
있는데, 이것은 휘낭조사가 손수 조성하면
서 당신이 전생에 흉혈국胸穴國 사람임을 표
시한 것이다.

『화엄경』에는 연화장 세계가 20중重으로
되어 제13층에 사바세계가 있는데, 13불찰
佛刹미진수 세계로 둘렀으며, 사바세계 서쪽
으로 십만억 불토를 지나 극락세계가 있다

하였다.

『무량수경』에는 세자재왕 불이 법장 비구에게 210억 세계를 보이시었고, 『관무량수경』에서는 석가모니불이 미간眉間에 광명을 놓아 시방세계 불국토를 위제희 왕비에게 보이셨는데, 어떤 국토는 칠보로 되어있고 어떤 국토는 순전히 연꽃으로 되었고 어떤 국토는 대자재천大自在天과 같고 어떤 국토는 수정의 거울과 같은 것도 있었다. 이와 같은 국토의 모습을 위제희가 보고 극락세계 가기를 발원하였으며, 『아미타경』에는 "여기서 서쪽으로 십만억 불토를 지나서 극락세계가 있고 그 세계에 아미타불이 설법하고 계신다" 하셨다.

경전에 나오는 세계도 무수하며 허공 중에 미진수 세계가 있다고 하셨다. 요사이 천문

학자들도 월세계에 이미 갔다 왔으며 공중
에 반짝이는 별을 세계로 추정하는데, 그
숫자가 수십억에 이른다 한다. 이렇게 많은
세계 중에 하필 극락세계가 없단 말인가.
부처님은 불안佛眼으로 시방세계를 두루 보
시고 여러 세계를 말씀하였으며, 역대 조사
들도 혜안慧眼으로 지옥과 극락을 두루 보
시고 글을 지어 많이 선전하였는데, 자기
눈이 어두워 멀리 보지 못하고 도리어 극락
은 없다 하니 그것은 우물 안 개구리를 면
치 못한 것이고, 도리어 정법을 비방한 죄
를 범한 것이니, 참으로 슬픈 것이다.

다음에는 극락세계 가기를 권하는 법문을
소개 하려 한다. 『무량수경』에는 삼품의
왕생을 말하셨는데, "여러 가지 복을 짓고
보리심을 내어 전심으로 염불하라" 하셨으
며『관무량수경』에는 정토 삼복을 말씀하

셨는데, 부모와 스승에게 효순하고 살생하지 않고 십선을 닦으며 모든 계행을 가지고 행동을 올바르게 하며, 대승 경전을 읽고 인과를 깊이 믿고 보리심을 발하며, 다른 사람에게 염불을 권하라 하였으며, 13관법과 세 가지 마음(지성심, 깊은 마음, 회향발원심)을 말씀하셨다.

『대보적경』에는 극락에 가는 여덟 가지 마음을 말씀하셨는데, "설사 목숨을 잃는 일이 있더라도 남의 허물을 말하지 말고, 중생에게 권하여 삼보에 귀의케 하고, 계행을 가지고, 내 몸을 낮추고 다른 이를 존경하고, 중생의 고통을 생각하고, 불상을 조성하여 모시고 중생을 사랑하라" 하셨다.

『미륵 소문경』에는 정토에 가는 열 가지 마음을 말씀하셨는데, "중생을 사랑하고 괴롭히지 말며, 정법을 수호하고 부처님의 지혜를 구하고 모든 집착을 없애며, 다른 사람을 존경하고 세속 문자를 탐하지 말고, 모든 착한 일을 행하며 결정코 성불하기를 원하라” 하셨다.

『화엄경 보현행원품』에는 정토에 가는 십중대원을 말씀하셨는데, “모든 부처님께 예경하고 부처님을 칭찬하고 삼보에 공양을 많이 올리고 업장을 참회하고, 부처님께 오래 세상에 계시기를 청하고 부처님께 법문하시기를 청하고, 다른 이의 공덕을 따라 기뻐하고 항상 부처님을 따라 배우고 중생을 수순하고 널리 회향한다.

이 십중 대원을 행하는 사람은 임종할 적에 목숨은 끊어지고 친족도 떠나고 보물과 세력과 모든 것은 하나도 따라 오는 것이 없고 오직 이 원왕顧王은 앞을 인도하여 잠깐 동안 극락세계에 왕생하여 아미타불과 문수

보살, 관음보살, 미륵보살 등을 본다 하셨으며, 회향게에 이르되, 나의 보현의 좋은 행의 한량없는 복을 회향하오니, 고해에 빠진 모든 중생들 빨리 아미타불 세계에 갑시다" 하셨다.

『십왕생경』에는 정토에 가는 열 가지 마음을 말하셨는데, "부처님과 스님께 공양 올리고 중생을 교화하고 보호하며 중생을 괴롭히지 않으며 스승께 받은 계율을 잘 지키고 부모와 스승께 효순하고 팔관재계八關 齋戒를 지키고 재일齋日에는 안방을 떠나 스승의 법을 행하며 항상 염불과 좌선하고 정법을 수호하고 정법을 전하라" 하셨다.

『문수 발원경』에는 "제가 임종 시에 모든 장애 없어져서 극락세계에 왕생하며 모든 소원 성취하고 부처님께서 수기授記를 주옵

소서" 하셨으며, 『대보적경』에는 "대승심
을 내어 임종시에 아미타불 열 번만 부르면
꿈에 부처님을 뵙고 왕생한다" 하셨고,
『관경』에는 "오역죄를 지은 이가 임종에
지옥 불덩이가 보이더라도 용맹심을 내어
열 번 아미타불을 부르면 나무아미타불 한
소리에 팔십 억겁 생사 중죄가 없어지고 정
토에 왕생한다" 하였다.

경전에 정토 왕생을 권한 것이 무수히 많으
며 역대 조사들도 왕생을 권하는 문자가 산
더미같이 많으며, 왕생전에는 극락에 갔다
가 다시 와서 극락세계 형편을 말하는 이도
혹 있다.

예로써 송나라 위세자의 딸이 나이 열네 살
에 죽었는데, 몸이 식지 않고 향취가 나므
로 장사를 하지 않고 두었더니, 칠일 만에

다시 깨어나서 법상을 차려 달라하여 아버지가 이상히 여겨 그 말대로 하여 주었더니, 목욕재계하고 법상에 앉아 『무량수경』을 읽고 나서 말하기를, 내가 극락세계에 가서 보니 무량수경의 말과 같이 온 세계가 광명이 찬란하고 칠보로 장엄되었으며 큰 연꽃에 사람이 화생하는데, 아버지와 오빠와 나는 연꽃에 이름이 있고 어머니는 이름이 없어서 그 말을 전하려 왔으니, 어머니도 지금부터 부지런히 염불하라고 말하고 방바닥에 내려와서 조용히 갔는데 향취가 삼일동안 난다 하였다.

위에 부처님과 조사의 말씀을 살펴보면 극락세계가 분명히 있으며 수백 경전에 소상히 왕생을 권하는 것이 무수하다. 만일 극락세계가 없다면 경전은 모두 거짓말이고 불조는 모두 망어인이니 그를 이치가 있겠는가. 우리 중생이 자력自力으로 이 사바 오탁 악 세계에서 번뇌를 완전히 끊고 성불하기를 하늘에 별 따기보다 어려운 것이다.

유심정토唯心淨土와 자성미타自性彌陀는 마음을 깨쳐야 보는 것이니, 중생들도 부처 될 성품은 있지만 삼독번뇌가 꽉 덮여 있는데 자성미타를 어찌 볼 수 있겠는가. 마치 전단향나무를 조각하여 불상을 조성해 놓으면 거기에 예배공양을 할 수 있지만은 나무 등치를 보고 예배할 사람은 없을 것이다. 유심정토와 자성미타를 집착하지 말고 부처님 말씀에 따라 극락세계가 실지로 땅이 있고 아미타불이 현재도 설법하심을 깊이 믿고 왕생의 원을 세워 부지런히 염불하면 임종시에 부처님의 영접을 받아 극락세계에 왕생하여 부처님의 법문을 듣고 무생법인無生法忍을 증득하면 자성미타를 볼 것이니, 얼

마나 다행한 일인가. 모든 불자들은 깊이
생각해 볼지어다.

악취 나는 이란나무 숲을
향기롭게 바꾸는 전단향

부왕(정반왕):"염불의 공덕은 어떠합니까?"
부처님:"악취 나는 이란나무 숲에 전단향
나무 한 그루가 올라오면 숲 전체를 변화시켜
두루 다 향기롭고 아름다워 중생이 보게 되면
희유한 마음을 낼 것입니다. 일체 중생의 생사
가운데 일으키는 염불의 마음도 이와 같습니다.
염념(念念)이 계속하여 그치지 않는다면 결정코
(아미타)부처님 전에 태어날 수 있습니다.
한번 왕생(극락)하기만 하면 일체 모든
악(탐진치)이 변하여 대자비를 이룰 것이니,
저 향나무가 이란림을 바꾸는 것과 같습니다."
-도작선사 〈안락집〉

○ 불법은 어렵지 않다

어떤 이가 말하기를 불법은 너무 어려워서 싯달 태자 같은 유사有史 이래로 둘도 없는 특수한 인물도 6년 고행을 그리 어렵게 하여도 깨닫지 못하고 다시 보리수 아래 앉아 결사용맹 정진 끝에 깨쳤으니, 우리 같은 범부들이야 감히 성불할 마음을 내겠는가.

그 말도 일리는 있다. 순전히 자력自力으로만 수행하면 삼 아승지겁阿僧祇劫으로 닦아야 성불할 수 있는 것이니, 그것은 매우 어렵고 자력에다 타력他力을 겸하면 쉬운 방편이 있다. 경전을 인증하여 어렵고 쉬운 두 길을 대조하여 보고자 한다.

『대집월장경』에 이르되, 나의 말법 가운

데 억억 중생이 수도를 하더라도 하나도 득
도할 이 없고, 이 말법 시대는 현재 오탁악
세라, 오직 정토淨土 한 문이 통해 있다 하
셨다.

정법과 상법시대는 부처님 가신 지가 멀지
않고 사람의 근기가 수승하여 상상근기는
혹 자력으로 성도하는 이가 있지만은 말법
시대는 중생의 죄업이 무겁고 세상은 혼탁
하여 자력으로 성도하기는 매우 어려운 것
이다.

정토문이 통한다는 것은 아미타불의 48원
중 제원諸願에 "누구나 나의 국토에 나는 이
는 모두 정정취正定取에 들어 결정코 성불
할 것"이며, 또 제18원에는 "시방중생이 지
성심으로 나를 깊이 믿고 나의 국토에 나기
를 원하며(내지 열 번 내 이름을 불러도 정토에 나

게 될 짓) 또 제19원에는 어느 중생이나 보리심을 발하여 모든 공덕을 짓고 나의 국토에 나기를 원하면 그 사람의 임종 시에 내가 대중들과 함께 가서 영접해 올 것이다. 만일 이 원이 성취되지 못하면 맹세코 성불하지 않겠습니다" 하셨다. 법장 비구가 무량겁으로 난행 고행하여 48원을 성취하여 아미타불이 되셨으니, 우리가 그 원력을 깊이 믿고 부지런히 염불하면 죽을 때에 부처님이 영접하시어 정토에 왕생하여 부처님의 법문을 듣고 그 자리서 깨쳐 정정취에 들어 성불하는 것이니, 이것이 쉬운 길이 아닌가.

『관불삼매경』에서는 부처님이 부왕에게 타력(他力)의 염불삼매 법문을 권하시니, 정반왕이 묻되 "진여실상을 깨쳐 성불하는 법을 제자인 나에게 권하지 않습니까?"

부처님께서 대답하시되 "제불의 과덕果德은 무량하고 깊어서 범부의 수행할 경계는 아닙니다. 그러므로 하늘의 달을 따기보다 어려운 법성法性의 증득을 제쳐 놓고 쉽게 수행하는 염불법문을 권합니다."

"그러면 염불공덕은 어떠합니까?"

부처님께서 비유로 말씀하시되 "40리나 되는 이란나무 숲에 한 그루의 전단향나무가 있어 싹이 나기 전에는 이 숲은 악취가 진동하여 향취는 조금도 없고 만일 나뭇잎이나 열매를 입에 대면 미쳐서 죽게 됩니다. 그런데 향나무 싹이 나서 무성하면 향기가 진동하여 이란 나무는 악취가 변하여 향기 숲이 됩니다. 중생이 이란 숲과 같은 생사의 바다에서 염불하는 마음도 이와 같습니다. 일심으로 염불하면 결정코 정토에 왕생하여 모든 악업은 변하여 자비심으로 되는 것이 저 향나무가 이란나무로 변하여 향기

숲이 되는 것과 같습니다.

이란 나무는 삼독 번뇌에 비유하고 향나무는 염불에 비유한 것이라 하셨다. 이것을 보더라도 염불삼매가 삼매 중의 왕이라는 지자대사의 말씀이 맞지 않는가. 그러므로 부왕에게 쉽게 성불할 수 있는 염불을 권하신 것이다.

용수보살이 십주비바사론에서 설하길, "보살이 불퇴지不退地에 오르는데 어렵고 쉬운 두 길이 있다. 어려운 길은 이 오탁악세 부처님 없는 시대에 불퇴에 오르기가 어렵다. 이 어려움이 많지만은 대강 다섯 가지만 말하리라.
①은 외도와 서로 친하여 보살 법을 요란케하고, ②는 나한은 자기만 이롭게 하고 큰 자비심이 없으며, ③은 악인들이 다른 이의 좋은 덕을 부수고 ④는 선과善果를 업치고 범행

梵行을 무너뜨리며 ⑤는 오직 자력뿐이요 타력의 가피가 없음이니, 이와 같은 일이 무수한지라 비유하면 멀고 먼 육로로 걸어가면 매우 괴로운 것과 같고 쉬운 길이란 염불하여 정토에 나기를 원하면 부처님 원력을 타서 곧 정토에 왕생하여 부처님의 법문을 듣고 곧 대승정정취正定聚에 드나니 , 비유하면 바다의 배를 타면 고통 없이 목적지에 가서 즐거운 것과 같다 하셨다.

용수보살은 부처님 다음 가는 성인으로서 33조사 중에 제일 가는 보살이라. 분명히 어렵고 쉬운 길을 말하였으니 이런 말을 믿지 않고 누구 말을 믿겠는가.

자은규기 대사는 『서방요결』에서 "석존께서 삼승법으로 중생을 교화하시어 많이 제도 하셨는데, 그 중에 복이 없고 인연이 적은 이는 정토에 나기를 권하셨다. 이 수행을 하는 자는 전심으로 아미타불을 염하고 모든 선근을 정토에 나기를 회향하면 아미타불의 원력에 의지하여 한 평생 염불한 이나 내지 임종에 십념하는 이는 모두 결정코 왕생할 것이다"라고 하셨다. 이것은 석가부처님과 인연이 없는 이는 아미타불과는 인연이 있으므로 석존께서 극락국에 가기를 지도하신 것이다.

영명연수 선사는 「선정사료간禪淨四料簡」 법문에서 "참선은 없어도 정토 수행만 하면 만 명에 만인이 모두 극락에 간다. 다못 아미타불만 친견하면 어찌 깨닫지 못함을 걱정할 것인가" 하셨다. 이것은 염불은 아미타불 원력을 의지하므로 만인이 빠짐없이 극락에 가서 아미타불의 법문을 듣고 깨달음을 얻는 것이다. 영명선사는 육조스님의 십대 법손으로 법안종 3조인데 「선정사료간」을 지어서 선을 헐고 정토를 찬한 것이 아니라, 불교의 근본 사상에서 말씀하신 것이다.

「감로소기甘露疏記」에는 염불하여 정토에 나기를 원하는 자와 보통 여러 가지 선업을 닦는 자의 넉넉하고 모자람이 같지 않으니 다른 선업을 닦는 자는 오직 자기의 힘만 의지하므로 무량한 세월을 지나면서 진실히 수행하여 물러가지 아니 하여 성과聖果를 얻을 수 있는 것이니 매우 어렵고, 염불하여 정토에 나기를 원하는 자는 아미타불의 본원력으로 섭취攝取하심을 입어 타락이 없는 것이니, 매우 쉬운 것이다.

비유하면, 두 사람이 바다를 건너 보물을 구하려는데 한 사람은 나무를 심어 나무가 커서 배를 만들어 배를 타고 건너 가려하니

세월이 너무 오래 걸리고 여러 가지 장애가
많아서 건너가지 못함과 같은 것이니, 자력
만으로 선을 닦는 사람은 이와 같다. 그리
고 한 사람은 해변에서 큰 선주를 만나 사
정을 말하여 선주의 도움으로 바다를 건너
가서 보물을 구하여 오는 것이니 매우 쉽
다. 아미타불의 원력을 의지하여 정토에 가
는 것은 이와 같다 하셨다.

위의 부처님과 조사의 말씀을 종합해 보면 정
토법문은 말세 죄업 중생에게는 둘도 없는
제일 좋은 약방문이다. 우리가 다생을 오면
서 극심한 생사 고통을 받다가 금생에 다행
히 불제자가 되었으니 불법은 생사를 초월
하는 법이다. 금생에 만일 이 몸을 제도하
지 못하면 다시 어느 생에 제도 하겠는가?
정토 법문을 버리고는 금생에 이 몸 제도하
기가 참으로 어려운 것이다.

아미타불 阿彌陀佛
구세식재 救世息災
발심염불 發心念佛

南無阿彌陀佛

ㅡ 까르마빠 존자

십억 번 염송할 것을 목표로 합니다

(모든 동참 불자님들이)

염송하는 불사를 거행했는데

아미타불 심주心呪(옴 아미데와 세)를

아미타불 불호佛號와

저는 (세계의 재난 구제를 위해)

○ 염불의 공덕

누가 말하기를 "아미타불의 염불은 극락에 가는 데만 필요하고 현세에 잘 살기 위해서는 관세음 · 지장보살을 염하는 것이 좋지 않을까?" 한다.

내가 답하되, 이것은 경전을 모르고 하는 말이다. 관음, 지장도 염하는 공덕이 대단히 크지마는 아미타불을 염하는 공덕은 생전과 사후에 무량한 것이다. 부처님이 염불의 열 가지 공덕을 말씀하셨는데, 아홉 가지는 현세에 받고 한 가지는 정토에 가는 것이라 하시었다. 『무량수경』에 부처님이 미륵에게 말씀하시되 "누구나 아미타불의 명호를 듣고 기쁜 마음으로 한번이라도 염불을 하면 이 사람은 더 없는 복을 짓고 위 없는 공덕이 구족한 것이다"라고 하셨다.

『무량수여래회』에 이르되 "내(법장 비구)가 세자재왕불 앞에 48원을 발하였는데, 이 48원을 성취하지 못하면 부처는 되지 않으리라. 마음이 약하여 불도수행을 이기지 못한 범부에게 명호의 보물을 주어 선근과 공덕을 갖지 못한 범부들을 널리 구제하여 고통을 없애고 편안한 몸이 되게 하리라."

부처님께서 아난에게 말씀하시되 "아미타불의 명호는 그와 같이 큰 이익이 있으므로 모든 부처님이 다 아미타불의 공덕을 칭찬하시느니라" 하셨다.

예참의 『십왕생경』에 이르되 "누구나 아미타불을 염하면 아미타불께서 25보살을 보내어 항상 보호하여 주신다" 하셨다. 『관무량수경』에는 "염불하는 이는 사람

가운에 분다리화 꽃과 같아서 사람 중에 제
일가는 사람이요, 사람 중에 제일 좋은 사
람이다. 관음 세지 두 보살이 좋은 친구가
되어 그림자가 얼굴을 따라 다니듯이 항상
보호한다" 하셨다.

『아미타경』에는 "항하사 같이 많은 부처
님들이 이 경을 읽고 염불하는 사람을 호념
한다" 하셨다. 또 『반주삼매경』에는 "염불
하는 사람은 사천왕과 모든 천신들과 팔부
성중이 따라 다니면서 보호하여 주신다" 하
셨다. 『관무량수경』에는 "아미타불의 광
명은 시방세계를 두루 비추어 염불하는 중
생은 하나도 버리지 않고 섭수하여 주신다"
하였다.

『무량수경』에는 법장비구가 48대원을 설
하시고 다시 맹세하되, "내가 세상에 없는

큰 원을 세웠으니 반드시 위없는 도를 이룩할 것입니다. 만일 이 원이 만족치 못하면 맹세코 성불하지 않겠습니다. 내가 앞으로 무량한 세월을 지나가면서 큰 시주가 되어 빈궁하고 고통 받는 중생을 구제하지 못하면 맹세코 성불하지 않겠습니다" 하셨다.

법장비구가 무량겁으로 난행難行, 고행하여 모든 원을 성취하시어 아미타불이 되셨으니 곧 아미타불은 우리의 시주施主가 되심이라. 얼마나 행복한 길인가. 시주란 말은 보시하는 주인이란 말인데, 청신사 청신녀는 삼보에게 시주가 되어 시주의 힘으로 절을 운영하고 스님들이 편안히 수도 생활과 포교를 하고 있는데, 항차 시방삼세의 부처님 중에 제일 이신 아미타불께서 우리의 시주가 되어 항상 광명을 비추어 보호하여 주시니, 우리가 무엇을 걱정할 것인가. 부처님 원력을 믿고 보리심을 내어 복 짓고 염불하면 재앙은 소멸하고 선근은 자라나서 현세에 많은 공덕을 얻고 죽을 때는 극락세계에 가는 것이니, 이보다 더 행복한 일이 어디 있겠는가?

염불하여 영험 본 사람을 소개할까 한다.
『관무량수경』에 위제희 왕비가 아들 아사세 태자에게 큰 곤욕을 당하여 죽게 되어 울면서 부처님께 사뢰되, "저는 이 악한 세상에는 살기 싫고 오직 극락세계에 가고자 합니다." 부처님이 극락세계에 가는 관법을 말씀하시다가 아난과 위제희에게 이르시되, "내가 그대의 고통과 근심 없애는 법을 말할 것이니, 잘 듣고 기억하라." 그 말이 떨어지자 아미타불이 공중에 나타나서 큰 광명을 놓으시니, 위제희가 감격하여 절하면서 마음이 열려 근심이 없어졌다 하였다.

『청관음경』에는 비야리 성 중에 악질이
전염하여 사람이 많이 죽었는데, 월계장자
의 여식도 역시 죽게 되었다. 월계장자가
부처님께 울면서 여식을 살려 달라고 애걸
을 하니 부처님이 극락세계의 아미타불께
기도하기를 가르쳐 주었다.
월계장자가 지성으로 기도하면서 "대자대비
하신 아미타부처님이시여, 저의 여식을 살
려 주옵소서!" 하였더니, 즉시에 아미타불
이 관음·세지 두 시자를 데리시고 월계장
자의 집 위에 나타나서 큰 광명을 놓아 온
성중을 비추시니 모든 사람의 병이 일시에
완쾌되었다 하셨다.

위의 두 가지 사실을 보면 석가모니불의 신
통 도력이 아미타불만 못하지 않지만 당신

에게는 인연이 없고 아미타불과 인연이 있
으므로 아미타불을 소개하신 것이다. 아미
타불은 사바세계 중생들과 특별히 인연이
있으므로 남녀노소를 물론하고 심지어 외도
까지도 아미타불을 모르는 이가 없다.

당나라 현통 율사가 여행하다가 어느 야사(野
寺)에서 하룻밤을 자는데 옆에 스님의 경
읽는 소리를 듣고 따라 읽어보니 『무량수
경』에 있는 저 부처님의 본원인 아미타불
의 명호를 듣고 가서 나고자 하면 모두 저
나라에 가서 스스로 물러가지 않는 자리에
오른다는 것이다.

彼佛本願力　聞名欲往生　皆悉到彼國　自致不追轉

뒤에 늙어 죽었는데 중간에 계를 어긴 죄로
염라대왕에게 끌려갔다. 염라대왕이 묻기를
"너는 계는 범하였지만은 불법을 펴고 살았

으니 알고 있는 법이 있거든 외워보아라"
하고 법상을 차려주거늘 현통은 여러 경전
을 생각한 끝에 그전에 야사에서 들은 법문
을 외우기로 하고 그 부처님 본원력인 아미
타불의 명호를 고하니 염라대왕이 보배 관
을 기우뚱하면서 이것은 극락세계 아미타불
공덕을 설한 법문이라 하고 합장 예배하였
다. 현통 율사가 파괴한 죄로 지옥에 들어
갈 것인데, 이 글을 외운 인연으로 지옥을
벗어났으니, 이것이 아미타불의 위신력이
아닌가?

송나라의 오윤성은 어느 스님을 만나 음식 공
양을 하였더니 스님이 말하기로 자네가 언젠
가 물에 환란을 만날 때가 있으니 아미타불
을 열심으로 염하면 재앙을 면할 것이다.
윤성이 두려워서 그날부터 지성으로 염불하
였다. 몇 년 후에 양자강을 건너가다가 중

간에 풍파로 배가 뒤집혀서 모든 사람이 많이 죽었는데 윤성은 물에 빠지면서도 염불만 하였더니 귀에 오윤성은 건져내라 하는 소리가 나기에 눈을 떠 보니 강가에 밀려나왔다.

『정토용서문』에 이르되 선사 사경의 부인 풍씨는 여러 가지 병이 위중하여 의사가 치료하지 못한다 하여 자수심 선사께 치료할 방법을 물으니, 스님이 재계하고 지성으로 염불하라고 권하여 부인이 그날부터 주육과 비단과 금·은 패물을 버리고 종일토록 서고 앉고 누울 때에 염불생각을 놓지 않고 불전에 향화 공양과 염불·송경의 공덕과 조그마한 선근을 모두 서방으로 회향하여 십년을 부지런히 하였더니 몸도 건강하고 마음도 편안하였다. 하루는 글을 짓기를 "전생에 업을 따라 소가 되었더니, 오늘은 극락세계로 가니, 다시는 콧구멍이 꿰어지지 않을 것이다. 아미타불과 관음보살과 모든 보살들이 나를 환영해 주신다" 하고 편안히 갔다 하였다.

『왕생전』에 이르되 청신녀 양씨는 광주 사람인데 전생의 죄업으로 두 눈을 잃고 고통을 하던 중인데, 마침 어떤 스님의 염불하라는 말을 듣고 지성으로 염불하였더니 3년이 지나서 문득 두 눈이 밝아졌으며 그 후로 더욱더 열심이 염불하였다. 정관 3년 2월에 미리 가는 날을 알고 편안히 죽었는데 동네 사람이 보니 아미타불과 모든 보살이 깃발 꽃을 가지고 옥상에 있었다 한다.

당나라 진중거는 젊었을 때 잘못하여 살인을 하였더니 그 후로 잠만 자면 죽은 귀신이 나타나서 "네가 나를 죽였으니 나도 너를 죽일 것이다" 하였다. 진중거는 놀라서 몇 달을 잠을 자지 못해서 죽게 되었는데, 어느 사람이 염불하기를 권해서 그날부터 열심으로 아미타불을 불렀더니, 그 후로는 귀신이 나타나지도 않고 건강하게 되었다. 그 후로 더욱 열심히 염불하여 죽을 때도 고통 없이 갔다 한다.

『왕생전』에 당나라 진양현 온문정 부인은 반신불수증으로 기동을 못하고 항상 누워만 있는데 ,그 남편이 말하기를 "종일 누워 있으면서 왜 염불을 하지 않소?" 부인이 말하되, "어느 염불을 하면 좋을까요?" 남편이 아미타불이 제일 좋다 하여 그날부터 지성으로 염불하였다. 2년이 지나서 아미타불이 나타남을 보고 남편과 친족에게 말하기를, "내가 오랫동안 병고를 겪다가 염불하여 영험을 보고 오늘 부처님을 따라 극락세계에 가니 부모와 친척들도 부지런히 염불하여 극락세계에 가서 서로 만나자" 하고 서쪽을 향해 단정히 앉아서 염불하다가 편안히 갔는데 집안사람들도 부처님을 보았다 한다.

1986년에 서울 삼계동에 사는 김기오라는 젊은 불자는 골수염으로 매우 위중해서 서강대 병원에 입원하여 내일에는 수술하기로 날을 정해 놓았더니, 그 날에 학생데모가 일어나서 교수와 의사가 모두 도망가고 수술을 못하였다. 대구에 있는 시모(김연화심)가 빨리 오라고 전화하여 안동 봉정사 지조암에서 백일기도 하여 약한 첩 쓰지 않고 완쾌되었다.

대구에 사는 강민지는 일본에서 박사과정에 재학 중인데 위장병과 신경통으로 몸은 마르고 두통이 나서 3년 동안 심한 고통을 겪다가

역시 지조암에 백일기도를 두 번하여 완치
되었으며, 대구 달성동 양춘자 불자는 신경
증으로 여러 해 고생하다가 매일 염불선원
에 다니면서 기도하여 완치 되었다. 대구
복현동에 강민자 불자는 평소에 항상 염불
하였는데 한번은 길을 가다가 고압전기가
터져서 불바다가 되었다. 그중에서도 아미
타불을 부르고 뛰어 나왔는데 발뒤꿈치만
조금 벗겨지고 무사하였다. 그중 한사람은
넘어졌는데 죽은 것으로 안다.

혹 꿈에 귀신에게 눌려 숨을 못 쉬다가 염불
하여 깨어나는 이도 있고 정신이상자와 귀신
에게 욕보는 이도 미타 백일기도하여 완치된
사람이 많다.

1966년에 해인사 금선암 비구니 혜진스님
은 대구 갔다 오면서 고령 금산제에서 차가

전복되어 수 백 번 굴러 내려오는데 사상자
는 무수히 많았으나 혜진 스님은 아무 상처
가 없었다. 옆에 살아난 사람이 말하기를
저 여 스님은 굴러 가면서도 나무아미타불
을 부르더라고 말해주었다.

1943년에 해인사 원당암에 연응 스님은 대구
에 가다가 백운동 가제 고개에서 앉아 쉬는
데 어느 사람과 이야기하다가 염주를 들고 나
무아미타불을 부르니 그 사람이 무슨 그런
소리를 하느냐 하면서 가버렸다.
조금 있다가 정신을 차려보니까 자기가 백
련암 신선바위에 앉아있고 옷은 흠뻑 젖고
배는 고프고 어지러워서 바위에서 내려가지
못하고 있는데 마침 그때에 환적대 토굴에
서 기도하던 박 거사가 나무 주으려 왔다가
바위 위의 사람을 보고 깜짝 놀라면서 "스
님이 이게 웬 일 이신지요?" 하고 스님을

업고 백련암에 왔는데 그때에 마침 스님의 상좌가 백련암 공양주를 하다가 놀라면서 스님 나가신지가 열흘이 지나서 대구로 사방에 찾아보아도 아무도 아는 이가 없어 많은 걱정 중이라 한다. 이것은 귀신에게 끌려서 자기 정신을 잃고 있다가 염불하는 공덕으로 귀신은 달아나고 살아난 것이다.

충청도 승달산 자그만한 절이 있는데 거기 사는 노스님이 하루는 마을에 갔다가 저물어서 돌아오는데 산 중턱에 오니 뒤에서 사람소리가 나는지라 앉아서 사람오기를 기다렸으나 다시 흔적이 없는지라 귀신인 줄 짐작하고 관세음보살을 불렀더니 저쪽에서도 관세음보살 하는지라, 이번에는 나무아미타불을 크게 불렀더니 저쪽에 소리가 뚝 끊어졌다. 스님이 이것을 보고 아미타불 위력이 관세음보다 수승한 줄 알고 평생 내내 염하던 관음주력을 아미타불로 바꾸었다 한다.

염불하여 생전과 사후에 얻는 공덕은 여러 전기와 전설에 무수히 있으니 부처님 말씀과 아미타불 원력을 의심하지 말고 깊이 믿어 일심으로 염불합시다.

○ 한번 미끄러지면 백번 미끄러진다
(一暖百瑞)

옛말에 한번 미끄러지면 백번 미끄러진다고 한다. 어찌 이렇게 하나가 백이 되도록 많은가. 경에 사람 되기가 어렵고 사람이 되어도 불법 만나기가 어렵다 하였다. 그러니 염불법문을 만나서 믿기는 더욱 어려운 것이다. 경에 일곱 부처님 나시도록 뱀이 몸을 벗지 못하였다 하였는데 어느 때에 다시 사람이 되며 또 어느 때에 불법을 만나며 또 어느 때에 염불법문을 만나서 믿을 런지 알 수 있겠는가? 이렇게 생각하면 어찌 백번만 미끄러지리오. 천 번 만 번 미끄러져 다할 때가 없을 것이니 통탄할 일이다.

○ 염불이 참선에 걸리지 않다
(念佛不礙參禪)

고인의 말에 참선이 염불에 걸리지 않고 염불이 참선에 걸리지 않는다 한다. 원조 본진 홀요 영명 수용 신자 수심과 같은 모든 선사는 다 선문에 큰 종장으로 정토에 마음을 두어도 참선에 걸림이 없었다. 그러므로 참선하는 사람이 비록 본심을 참구하되 또 임종시 극락세계에 나기를 원할 것이다. 무슨 까닭이냐?

참선하여 비록 깨친 바가 있다 하더라도 부처님과 같이 적광토(常寂光土)에 머물지 못하고 아라한과 같이 후유(後有)를 받지 아니할 수 없을 것임으로 이 몸이 마칠 때는 반드시 나는 곳이 있을 것이니, 인간에 나서 밝은 스승을 친근 하는 것보다는 연화세계에 나서 아미타불을 친근 하는 것이 좋지 않겠는가. 그런 즉 염불발원이 참선에 장애되지 않을 뿐 아니라 실로 참선에 이익이 많은 것이다.

○ 권수사료관勸修四料簡

복만 짓고 염불 못하면
복이 다 되면 악도에 떨어진다.

염불하고 복을 짓지 않으면
도에 들어가는데 고생이 많다.

복도 안 짓고 염불도 못하면
지옥 아귀 축생에 떨어지고

염불하고 겸하여 복을 지으면
복혜가 구족한 부처님이 된다.

연화세계

세 가지 정업淨業
왕생극락 하는
윤회를 벗어나

저 극락세계에 태어나고자 하는 이는
마땅히 삼복三福을 닦아야 하느니라.
첫째는 부모님께 효도 봉양하고,
스승과 어른을 받들어 모시며,
자비로운 마음으로 살생을 하지 말고,
열 가지 선업을 닦아야 하며,
둘째는 삼보를 받아들이고 늘 기억하여,
온갖 계행을 구족하고 위의를 범하지 않아야 하며,
셋째는 보리심을 발하고서 인과(염불성불)를 깊이 믿고
대승경전을 독송하도록 수행자를 권진勸進하여야 하느니라.
이와 같은 세 가지 일을 정업淨業이라 이름하느니라.
- 관무량수경

○ 자운준식, 왕생정신게往生正信偈

누구나 이 게송을 외우면 세 가지 이익을 얻는다. 첫째, 대승경전 이름을 외움이요 둘째, 정토에 신심을 더 기르고 셋째, 듣는 사람으로 하여금 정토를 믿게 하는 것이다. 죽는 사람을 보거던 한번 이 게송을 외우고 염불을 권할 것이다.

서방 세계에 계신 대자대비하신 아미타불께 예배드리고 여러 가지 경전을 의지하여 왕생하는데 결정한 신심을 성취하렵니다.
稽首西方安衆刹 彌陀世主大慈 我依種種修多羅 成就往生決定信

대승에 주한 깨끗한 마음으로 열 번 무량수불을 염하면 임종할 때에 꿈에 부처님을 뵙고 결정코 극락에 왕생한다.

대보적경에 이렇게 말씀하셨다.

住大乘者淸淨心　十念念彼無量壽　臨終夢佛定往生　大寶積經
如是說

오역죄로 지옥불덩이가 보이더라도 임종에 선
지식을 만나 용맹심을 내어 열 번 아미타불을
부르면 곧 극락세계에 왕생한다.

십육관경에 이렇게 말씀하셨다.

五逆地獄衆火現　値善知識發猛心　十念稱佛卽往生　十六觀經
如是說

누구나 기쁘고 즐거이 믿는 마음만 있으면
최하로 십념十念이라도 곧 나의 국토에 날
것이니 만일 그리되지 않으면 성불하지 않
겠습니다.

사십팔원에 이렇게 말씀하셨다.
若有歡喜信樂心　下至十念即往生　若不爾者不成佛　四十八願
如是說

누구나 아미타불 명호를 듣고 지성심으로
정토에 회향하면 곧 왕생하나니 다섯 오역
죄와 정법을 비방한 이는 제외 한다.
무량수경에 이렇게 말씀하셨다.
諸有聞名生至心　一念廻向即往生　唯除五逆謗正法　無量壽經
如是說

임종할 적에 관법과 염불은 못하더라도 다 염
불하는 생각만 두어도 목숨이 마침에 곧 왕생
한다.
대법고경에 이렇게 말씀하셨다.
臨終不能觀及念　但作生意知有佛　此人氣絕即往生　·大
法鼓經如是說

하루 하루 낮에 비단일산을 달고 전심으로
왕생을 원하여 염불이 간단치 않으면 꿈에
부처님을 보고 곧 왕생한다.
무량수경에 이렇게 말씀하셨다.
一日一夜懸幡盖　專念往生心不斷　臥中夢佛即往生　無量壽經
如是說

밤낮 하루 동안 아미타불을 불러서 부지런
히 정진하여 간단치 않으면 전전展轉히 서
로 권하여 함께 왕생한다.
대비경에 이렇게 말씀하셨다.
晝夜一日稱佛名　殷勤精進不斷絶　展轉相勸同往生　大悲經中
如是說

하루 이틀 내지 이레까지 아미타불을 불러
마음이 산란치 않으면 임종 시에 부처님이
나타나서 곧 왕생한다.
아미타경에 이렇게 하셨다.

一日二日岩七日　執持名號心不亂　佛現其前即往生　阿彌陀經
如是說

누구나 아미타불 명호를 듣고 하루 이틀 지나
면서 전심으로 염불하면 부처님이 앞에 나
타나서 곧 왕생한다.
반주경에 이렇게 설하셨다.
行人聞彼阿彌陀　一日二日若過等　專念現前即往生　般舟經中
如是說

열흘 낮 열흘 밤 6시 중에 예불과 염불을
중단하지 않으면 현재에 저 부처님을 뵙고
곧 왕생한다.
고음왕경에 이렇게 설하셨다.
十日十夜六時中　五體禮佛念不斷　現見彼佛即往生　鼓音王經
如是說

열흘 낮 열흘 밤에 재계齋戒를 지니고 번과

일산을 달며 향과 등을 올리고 염불을 중단
치 않으면 결정코 왕생한다.

대아미타경에 이렇게 하셨다.

十日十夜持齋戒　懸繪幡盖燃香燈　專念不斷得往生　大彌陀經
如是說

누구나 한 부처님을 전일히 생각하여 칠칠
(49)일동안 다니거나 앉아서 염불하면 현
재에 부처님을 뵈옵고 임종 때 극락왕생한
다.

대집경에 이렇게 하셨다.

若人專念一方佛　或行或坐七七日　現生見佛即往生　大集經中
如是說

누구나 구십일동안 앉고 눕지 아니하고 항
상 다니면서 염불하면 삼매 가운데 아미타
불을 뵈옵는다.

불입경에 이렇게 설하셨다.

若人自誓常經行　九十日中不坐臥　三昧中見阿彌陀　佛立經中
如是說

누구나 서향하여 앉아서 구십일동안 염불하
면 삼매를 얻고 죽을 적에 불국토에 난다.
문수반야경에 이렇게 설하였다.

若人端坐正西向　九十日中常念佛　能成三昧生佛前　文殊般若
如是說

여러 경전에 이 같은 말이 많은데 조금만
뽑아 계속을 기록하니 한량 없는데, 이 법
문을 보고 듣는 이는 올바른 신심을 내어
부처님의 진실한 말씀을 절대로 믿을 지어
다.

我於衆經頌小分　如是說者無窮盡　願同聞者生正信　佛語眞實
無欺誑

아미타부처님을 잊지 않고 기억하며(憶佛),
아미타부처님을 마음속 깊이 생각하며
쉼 없이 새기고 새긴다면(念佛),
지금 당장이나 아니면 가까운 미래에
틀림없이 부처님을 친견할 수 있습니다.
그러므로 다른 특별한 방법이나 번거로운
수행법을 따로 찾아다닐 필요도 없이
염불수행 하나만 열심히 하면
저절로 마음이 활짝 열려(豁然開悟)
부처가 될 수 있습니다(見性成佛).
그러니 염불이야말로 마음을 밝히는
최고의 법문(心要法門)이 아니겠습니까?
- 철오선사徹悟禪師

○ 철오선사 어록(徹悟禪師語錄)

모든 법문은 마음을 밝히는 것이 긴요하고 모든 수행은 마음을 밝히는 것이 긴요하니라. 마음을 밝히는 요건要件은 염불이 제일이니 부처님을 생각하고 부처님을 염하면 반드시 부처님을 뵈옵게 되어 다른 면을 의지하지 않고도 자연히 마음이 열리나니, 이렇게 염불이 마음을 밝히는 요건이 아니겠는가.

또 마음을 밝히는 요건도 염불이 제일이니 념念이 서로 응應하면 이 부처님이요 염마다 서로 응하면 염마다 부처님이니라. 물 맑히는 구슬을 흐린 물에 넣으면 흐린 물이 맑아지지 않을 수 없듯이 부처님 명호를 산란한 마음에 두면 산란한 마음이 부처 되지 않을 수 없으리니, 이렇게 염불함이 마음을 밝히는 요건이 아니겠는가.

한마디 부처님 명호 속에 깨닫고 닦고 하는 두 문의 요건을 모두 포함하였으니, 깨닫는 것을 들면 믿음이 그 가운데 있고 닦는 것을 들면 증득證得함이 그 가운데에 있느니라. 믿고 알고 닦아 증득함에 대승 소승과 모든 경전의 긴요함을 포함하였으니 그렇고 보면 한마디 아미타불이 어찌 지극한 요건의 도가 아니겠는가.

우리들 현재 마음이 전부 진眞으로서 망妄이 되었고 전부 망으로서 곧 진이어서 종일토록 변하지 않으면서 종일토록 인연을 따르느니라. 그래서 부처님(법계法界)의 연을 따라서 부처님 법계를 염하지 않으면 곧 아홉 가지 법계를 염함이 되나니, 삼승을 염하지 않으면 곧 육범六凡을 염함이요, 인간과 천을 염하지 않으면 곧 삼악도惡途를 염함이요, 귀신이나 축생을 염하지 않으면 곧 지옥을 염함이 되느니라.

무릇 마음 있는 이는 생각이 없을 수 없나니 생각이 없는 마음은 오직 부처님만이 증득하시는 것이요, 등각 이하는 모두 생각이 있느니라. 한 생각을 일으키면 반드시 열 가지 법계에 떨어지나니 무슨 생각도 열 가지 법계 밖으로 벗어날 수가 없으며, 열 가지 법계 밖에는 다른 법계가 없는 연고니라. 한 생각을 일으키면 곧 한번 태어나는 인연이 ,이러한 이치를 알고서는 염불하지 않을 이가 있을 수 없느니라.

만일 이 마음이 평등한 대자대비와 의보依報, 정보正報의 공덕과 만덕萬德을 구비한 큰 이름(아미타불)으로 더불어 서로 응하면 부처님 법계를 염함이 되고 보리심과 만행으로 더불어 서로 응하면 보살법계를 염함이 되고, 내가 없는 마음이 십이인연으로 더불어 서로 응하면 연각緣覺법계를 염함이 되고 내가 없는 마음이 사제諦를 관찰하면 성문聲聞법계를 염함이 되고, 사선禪 팔정定과 상품 선善으로 더불어 서로 응하면 천상법계를 염함이 되고, 오계(戒)로 더불어 서로 응하면 인간 법계를 염함이 되고, 계와 선을 닦으면서 성내고 교만하고 승부勝負를 겨루는 마음을 가지면 아수라 법계에 떨어질 것이요, 느즈러운 마음으로 하품을 염하면 축생법계에 떨어질 것이요, 느즈럽고 급함이 반반 되는 마음이 중품 악으로 더불어 서로 응하면 아귀법계에 떨어질 것이요, 맹렬한 마음이 상품 십악으로 더불어 서로 응하면 지옥법계에 떨어질 것이니라.

십악이라 함은 살생 도둑질 음행 망어 기어 악구 양설 탐심 진심 사견邪見이요, 이것과 반대 되는 것은 선이니, 날마다 일어나는 생각이 어느 법계와 응함이 맹렬한가를 스스로 잘 살펴보면 다른 날 안신입명安身立命할 것을 다른 이에게 물을 필요가 없으리라. 모든 경계가 오직 업으로 느끼는 것이요, 오직 마음으로 나타나는 것이니, 그 나타나는 곳 그 자체가 곧 마음이니라. 무릇 마음 있는 곳에는 경계가 없을 수 없나니, 부처님의 경계가 나타나지 않으면 아홉 가지 법계의 경계가 나타날 것이며, 삼승의 경계가 나타나지 않으면 여섯 가지 범부의 경계가 나타날 것이며, 천상 인간 아귀 축생의 경계가 나타나지 않으면 지옥의 경계가 나타날 것이니라.

참으로 생사를 위할진대 보리심을 내고 깊

은 신심과 서원으로 부처님의 명호를 부를
지니, 이것은 염불하는 법문 중에 제일가는
종취宗趣니라. 참으로 생사를 위하는 마음이
생기지 않고서는 모든 가르침이 모두 부질
없는 말이 된다. 세간의 모든 고통이 생사
보다 더할 것이 생사를 요달하지 못하면 났
다가는 죽고 죽었다가는 나며, 났다가 또
나고 죽었다가 또 죽고 하면서 이 태중에서
나와서는 다른 태중에 들어가고, 한 가죽
부대를 버리고는 다른 가죽 부대를 뒤집어
써서 그 고통을 참을 수 없거든 하물며 윤
회를 벗어나지 못하고는 타락함을 면할 수
없나니, 도야지 태 속이나 개의 태 속 어디
엔들 들어가지 않으며 나귀의 가죽 부대와
말의 가죽부대 어느 것인들 뒤집어쓰지 아
니하랴.

사람의 몸은 가장 얻기 어렵고도 가장 잃어

버리기 쉬운 것이라. 한 생각이 잘못 되면 악도에 들어가게 되나니, 악도는 들어가기는 쉬우나 나오기는 어려울 새 지옥은 시간은 오래고도 고통이 심하다. 7불이 나시도록 항상 개미가 되었고, 팔만 겁이 지내어도 비둘기 몸을 벗지 못하였으니, 축생의 세월은 더욱 오래고 아귀와 지옥은 그보다도 몇 배가 되는데 그렇게 오랜 세월을 지내나니 어느 때에 벗어나며 만 가지 고통이 번갈아 끓어서 돌아갈 곳도 구원할 이도 없나니라. 말할 때마다 소름이 끼치고 생각만 하여도 오장이 타는 듯 하도다. 그러므로 이 자리에서 뼈아프게 생사를 생각하되 부모의 상사喪事를 만난 듯이, 머리에 붙는 불을 끄듯이 해야 할 것이니라.

그러나 내게는 생사가 있으니 내가 생사에서 벗어나려 하는 것 같이 모든 중생이 모두 생사에 있으니 다 벗어나야 할 것이다. 저들과 내가 본래 다 같은 한 몸으로서 여러 생에 나의 부모이며 장래의 부처님이거늘, 만일 모두 제도할 생각을 하지 않고 나 혼자만 이로우려 한다면 이치로도 잘못됨이 있으며 마음에도 미안할 터인데, 하물며 큰 마음을 내지 않으면 밖으로는 여러 부처님을 감동케하지 못할 것이요, 안으로는 본 성품에 계합하지 못할 것이며, 위로는 불도를 원만히 성취하지 못하고, 아래로는 여러 중생을 모두 이롭게 하지 못할 것인 즉, 비롯함이 없는 애정에서 어떻게 벗어나며 비롯함이 없는 원수를 어떻게 풀겠는가, 여러 겁 동안 지은 죄업을 참회하여 없애기 어렵고 오랫동안 심어온 선을 성숙하기 어려우며 행을 닦는 데 장애가 많고 비록 이룬다 하여도 소승에 치우치리니, 그러므로 성품에 맞는 큰 보리심을 내야 할 것이니라.

큰마음을 내었으면 마땅히 큰 행을 닦아야할 것인데, 수행하는 모든 일 가운데 성취하기 쉬우며, 가장 온당하고 가장 원만한 것은 깊은 신심과 서원으로 부처님의 명호를 염하는 것이 제일이니라.

깊은 신信이란 것은 석가여래의 하신 말씀이 결정코 거짓이 없을 것이요, 아미타불의 대자대비하신 원력이 결코 헛되지 아니할 것이며, 또 염불하여 왕생하기를 원하는 인연으로는 반드시 부처님을 뵙고 왕생하는 결과를 얻을 것은 외를 심으면 외를 따고 콩을 심으면 콩을 거두는 것과 같으며, 소리에는 반드시 메아리가 생기고 형상에는 반드시 그림자가 따르는 것 같아서 원인이 헛되지 않고 결과가 허망하지 않으니 이런 것은 부처님께 묻지 않고도 스스로 '믿을 수 있는 것 이니라.

『관경』에 말씀하기를 「이 마음으로 부처를 짓고, 이 마음이 곧 부처라」 하신 말과 선종禪宗에서 「사람의 마음을 가리켜서 견성성불見性成佛 한다」는 말에 비교하면 관경의 말씀이 직접으로 지시하는 말로 아주 통쾌하니 무슨 까닭인가? 견성하기는 어렵고 부처 되기는 쉬운 연고니라.

어떤 것을 견성이라 하는가. "마음과 뜻과 인식을 떠나서 신령한 광명이 드러나는 것을 견성이라 하나니 그러므로 어렵다" 하고, 어떤 것을 부처 된다 하는가? "부처님 명호를 염하며 부처님의 의보依報와 정보正報를 보는 것이 곧 부처되는 것이니 그러므로 쉽다" 하느니라.

경에 말씀하기를 「너희들이 마음으로 부처님을 생각할 때에 그 마음이 곧 32상相이며 80종호種好라」 하였으니, 생각으로 부처님 염하는 것을 부처 된다고 하는 것이 아니겠는가?

저「부처가 되는 것과 부처님이다」하는 것은 이치가 다르지 않지만「견성하는 것과 부처 된다는 것은 어렵고 쉬운 것이 서로 뚜렷하니 염불을 참선에 비교하면 아주 통쾌하지 않겠는가. 하나는 조사의 말씀이요, 하나는 부처님의 말씀이니 어느 것이 소중하고 어느 것이 가벼우며 어느 것을 취하고 어느 것을 버릴 것인가. 공부하는 사람은 마땅히 예전 버릇을 모두 버리고 허심탄회虛心坦懷하게 생각해보고 살펴보면 이 말이 잘못되지 아니함을 알게 되리라.

정토문淨土門에서는 원력으로 으뜸을 삼나니 무릇 원력이 있는 이는 반드시 이룬다고 한다. 울두람불이 강가와 숲속에서 비비상정非非想定을 익히었는데 정이 이루려 할 적마다 물고기와 새들의 시끄러움을 받고 나쁜 서원을 세웠다. 「내가 이 뒤에 날아다니는 삵괭이가 되어 숲속에서는 새를 잡아먹고 물에서는 생선을 잡아먹겠다」 하더니 그 뒤에 비비상정을 성취하고 천상에 태어나서 팔만 겁을 살다가 하늘의 과보를 마치고는 드디어 삵괭이가 되어 숲과 물로 다니면서 새와 생선을 잡아먹었다. 이것은 나쁜 서원이지만 큰 세력이 있어서 만겁 뒤에 이루어 졌나니, 하물며 성품에 맞는 좋은 서원이리오.

『신승전神僧傳』에는 이런 말이 있다. 어떤 중이 돌부처님 앞에서 장난삼아 발원하기를 「금생에 생사를 끝내지 못하면 내 생에는 씩씩한 대장이 되겠습니다」 하더니 그 후에 과연 대장군이 되었다. 이것은 장난삼아 세운 원이지만은 그렇게 이루어졌거든 하물며 지성으로 세운 원일까 보냐.
또 어떤 중은 경과 논을 모두 통달하였으나

어디를 가도 뜻을 얻지 못하였다. 그래서 항상 탄식만 하더니 다른 중이 말하기를 「그대가 불법을 배웠는데 부처님과(佛果)를 이루지 못하였거든 먼저 인연을 많이 맺으라는 말을 듣지 못하였는가? 그대 불법을 통달하였으나 인연이 없으니 어찌 하겠는가?」

그 스님이 말하길, 「나는 이러고 말까 보아.」

다른 스님, 「내가 그대를 대신하여 인연을 지어주마, 무엇이고 그대가 가진 것이 있는가?」

「다른 것은 없소. 옷감이 한 벌 있노라.」

다른 스님 「그만하면 되네.」

그 옷감을 팔아 먹이를 마련하고 그 중을 데리고 깊은 숲속에 들어가서 새와 벌레들이 많은 곳에 먹이를 내려놓고 원을 세우게 하고는 그 스님에게 부탁하여 20년 후에 법회를 열라고 하였다. 그 스님의 부탁대로 20년 후에 법회를 열었더니 와서 법문을 듣는 이가 모두 소년들이었으니, 대개 그 먹이를 먹은 새와 벌레의 후신들이었다.

이것은 원력이 부사의한 것이니, 다른 이의
서원으로도 새와 벌레들로 하여금 짐승의 탈
을 벗고 사람이 되게 하였거든, 자기의 서원
이야 말할 것이 있겠는가. 아미타불은 48원으
로 부처님이 되셨으니, 내가 세운 원이 부처
님의 중생을 거두어 주시는 원력과 같다면 이
발원만으로도 정토에 왕생할 수 있거든 하물
며 부처님은 불가사의한 대자대비가 있음일까
보냐.

형가瑩珂는 술과 고기를 함부로 먹는 사람인
데, 뒤에 『왕생전往生傳』을 읽으면서 한 사람의
전기를 읽을 적마다 머리를 한번 끄덕이더니,
마침내 단식斷食하고 염불한지 7일 만에 아미
부처님이 나타나서 위로 하시기를 「너의 수명
이 아직 십년이 남았으니 염불을 잘 하라 내

가 십년 후에 와서 너를 영접 하리라.」

형가가 사뢰되, 「사바세계가 오탁악세여서 바른 생각을 잃기가 쉽사오니 원컨대 빨리 정토에 왕생하여 여러 성현을 모시려 하나이다.」

부처님께서 「네 뜻이 그렇다면 3일 후에 와서 영접하리라.」 하시더니, 과연 3일 후에 왕생하였다.

또 회옥懷玉스님이 정토 업을 부지런히 닦더니 하루는 아미타부처님과 보살들이 공중에 가득하였는데, 한 사람이 은대銀臺를 가지고 들어오는 것을 보았다. 회옥스님이 생각하기를 「내가 일생에 정진하면서 금대金臺를 생각하였는데 어찌하여 그렇지 아니 한가」 하니 은대가 드디어 없어졌다. 회옥이 정진하기 21일만에 또 부처님과 보살들이 공중에 가득하였는데, 전날 은대를 가지고 왔던 이가 이번에는 금대를 가지고 왔다. 회옥스님이 드디어 담박

하게 갔다.

유유민劉遺民이 여산 동림사東林寺에서 백련결사
白蓮結社에 동참하여 염불하다가 하루는 염불을
하고 있노라니, 아미타부처님이 나타나신다.
유민이 생각하기를 여래께서 내 머리를 만져
주시지 않는가 하였더니 부처님이 곧 머리를
만져 주셨고, 또 생각하기를 여래께서 가사로
나를 덮어주시지 않는가 하니 부처님이 곧 가
사로 덮어주셨다.

부처님의 중생에게 대한 일이 진실로 지극하
시니 참으로 대자대비하신 부모이시다. 빨리
왕생하기를 원하면 빨리 왕생케 하시고 금대
를 원하면 금대로 바꾸어 주시고, 머리를 만
져주시기를 원하면 손으로 만져주시고, 가사
로 덮어 주심을 원하면 가사로 덮어 주시어
서, 부처님이 모든 중생을 어여삐 여기시나니

어찌 난들 어여삐 여기지 아니하겠는가. 부처님은 모든 중생의 소원을 이루어 주시니 어찌 나의 소원인들 이루어 주시지 아니 하겠는가. 대자대비하신 마음은 원래 가리는 일이 없거니 어찌 그를 리가 있으리오.

그러므로 참으로 서원을 세우면 믿음이 그 가운데 있으며 믿음과 서원이 이미 참되면 행을 일으키려 하지 아니 하여도 스스로 일어나는 것이다. 그러므로 믿음과 서원과 수행의 세 가지는 서원의 한 가지로 끝나는 것이니라.

세상에 가장 소중한 것은 정신이요 세상에 가장 아까운 것은 시간이다. 일념이 깨끗하면 부처님 법계의 연기요, 일념이 더러우면 아홉 가지 법계에 태어나는 원인이 되느니라. 무릇 일념을 동함이 십법계의 종자가 되나니, 어찌 소중하지 아니 하랴. 이 하루가 지나가면 목숨도 따라서 감하나니 한 치의 햇볕이 곧 한 치의 목숨이라, 어찌 아깝지 아니하랴. 진실로 정신이 소중한 줄 알면 헛되이 쓰지 아니해야 할 것이니 생각마다 부처님 명호를 염해야 하며, 시간을 헛되이 보내지 않으려면 시시각각으로 정토의 업을 닦아야 할 것이다. 만일 부처님 명호를 염하지 않고 삼승의 행을 닦는다면 이는 정신을 낭비함이니 역시 천근의 활로 혜서鼷鼠(생쥐)를 잡으려고 쏘는 것과 같거든 하물며 여섯 범부의 생사의 업을 지음일까보냐.

정토의 업을 닦지 않고 소승의 과보를 닦는다면 이는 시간을 헛되이 보내는 것이며, 역시 여의주로 옷이나 음식을 바꾸는 것과 같거든 하물며 인간이나 천상의 유루有漏의 과보를 취할 것인가? 이렇게 정신을 소중히 여기고 이렇게 시간을 아끼면 마음이 전하여 부처님을

감동하기 쉽고, 수행을 부지런히 하여 정업을
이루리라. 과연 정토에 왕생하여 아미타불을
뵈옵고 때때로 가르침을 받고 자비하신 말씀
을 들으며 자기의 마음을 깨달아 법계를 증득
하면 일념을 늘이어 겁을 삼고, 겁을 줄이어
일념을 삼아서 염과 겁이 원융하여 자유 자재
함을 얻으리니, 이것이 어찌 소중히 여기고
아끼던 과보를 받음이 아니겠는가.

도를 본 후에 도를 닦고 도를 닦은 후에 도를
증득함은 여러 성인의 한 가지 길이요, 천고
에 변하지 않는 논리이다. 그러나 도를 본다
는 것을 쉽게 말할 수 있는가. 만일 교법을
의지한다면 첩첩한 관문을 통과한 후에야 도
를 닦는다고 말할 수 있거니와 그렇지 않으면
눈감고 닦는 것이며 봉사의 연습이니 반드시
담에 부딪치고 벽에 마주치며 구렁에 빠지고
허방에 떨어지게 되리라.

오직 정토문은 그렇지 아니하여 여기서 서쪽
으로 십만억 불국토를 지나서 한 세계가 있으
니 이름이 극락세계요, 그 세계에 부처님이
계시니 이름이 아미타불이시라 지금 계시어서
설법 하시느니라. 다만 원을 세우고 염불하면
곧 왕생한다 하셨으니, 이것은 부처님 마음과
부처님 눈으로 아시고 보시는 경계요, 삼승의
성현으로는 알지도 보지도 못하느니라.

다만 부처님말씀을 믿고 그대로 원을 세워 염
불하면 곧 부처님의 알고 보시는 것으로 나의
지견知見을 삼을 것이니, 따로 깨닫는 문을 구
할 것 없느니라. 다른 문에서 도를 닦는 것은
반드시 깨달은 뒤에 법에 따라서 닦아야 하나
니, 마음을 거두어서 선정을 이루고 선정을
인하여 지혜를 내고 지혜를 인하여 번뇌를 끊
어야 하느니라. 내는 지혜가 수승하고 용렬함

이 있으므로 끊는 번뇌도 얕고 깊음이 있으며, 그런 후에야 비로소 그 물러가고 물러가지 아니함을 말할 수 있거니와 이 정토문만은 오직 믿고 서원하는 마음으로 부처님의 명호만을 전일하게 염하여 한결같은 마음이 어지럽지 아니 하면 정토의 업이 이루어져서 죽은 뒤에는 결코 왕생하며 한번 왕생하면 영원히 물러나지 아니 하느니라.

또 다른 문에서 도를 닦으려면 먼저 현재의 악업을 참회해야 하며, 만일 현재의 악업을 참회하지 아니 하면 곧 도에 장애가 되어 나아가며 닦을 수 없거니와, 정토 업은 현재의 업을 가지고 왕생하는 것이요, 악업을 참회하지 아니하여도 되는 것이니 지극한 마음으로 한 마디만 염불하여도 팔십억 겁에 나고 죽을 중죄를 소멸하는 연고니라. 또 다른 문에서 도를 닦으려면 번뇌를 끊어야 하나니, 만일 견혹見惑 사혹思惑의 번뇌를 털끝만큼이라도 끊지 못한다면 분단分段 생사가 다하지 아니 하여서 사바세계 동거국토同居國土에서 벗어나지 못하거니와, 정토 업을 닦으면 삼계에서 가로 뛰어나게 되는 것이므로 번뇌를 끊지 않고도 이 동거국토로부터 저 동거국토에 왕생하며 저 국토에 한번 왕생하기만 하면 생사의 뿌리가 아주 끊어지느니라.

저 국토에 가서 나기만 하면 항상 부처님을 뵈옵고 때때로 법문을 들으며 의식과 거처가 저절로 생기고 나무와 물과 새가 모두 법문을 설하며 동거국토에서 여러 선인善人들과 한자리에 모여 있으면서 물러가지 않는 지위를 원만하게 증득하며 일생보처의 지위에 이르게 되느니라.

그러므로 정토법문은 처음에도 깨닫기를 구할

것이 없고 나중에도 지혜를 발하거나 악업을 참회하거나 번뇌를 끊을 것이 없어서 지극히 간편하고 지극히 빠르며 증득함에 이르러서도 지극히 광대하고 지극히 극측에 이르는 것이니 공부하는 사람은 세밀하게 생각하고 자세히 선택할 것이요, 일시적으로 잘난 체하는 생각으로 이렇게 훌륭한 큰 이익을 잃지 말지어다.

사람의 현재 일념은 인연으로 생기는 것이어서 제 성품이 없고 제 성품이 없는 것이어서 인연으로 생기나니, 부처님 법계에 나지 않으면 문득 아홉 가지 법계에 나는 것이니라. 만일 인연으로 생기어서 제 성품이 없는 이치로 보면 중생과 부처님이 평등하여 한결같이 공한 것이요, 제 성품이 없는 것이어서 인연으로 생기는 이치를 보면 법계의 승하고 못한 것이 현저하게 다르니라.

아기달阿祈達 왕은 임종할 때에 파리를 날리던
사람이 파리채로 얼굴을 스친 탓으로 일념의
성을 내고 독사가 되었으며, 어떤 여자는 물
을 건너다가 실수하여 아들이 물에 떨어지거
늘, 아들을 건지려다가 함께 빠져 죽었는데
자비한 마음으로 말미암아 천상에 태어났느니
라. 일념의 자비와 성냄으로 천상과 축생이
나뉘었으니, 임종할 때에 인연으로 나게 되는
일념을 어찌 삼가지 아니 할까보냐. 진실로
이 마음으로 아미타불을 염하여 정토에 왕생
하기를 구한다면 어찌 부처님을 뵈옵고 왕생
하지 않으랴마는 다만 이 일념은 요행으로
얻을 수 없는 것이니, 모름지기 정성을 다
하고 미리부터 행해야 하느니라.

그러므로 우리들이 이 한마디 아미타불을 천
념 만념으로 내지 종일토록 하고 생이 다하

도록 하는 것은 일념을 성숙케 하려는 것이
다. 일념이 성숙하기만 하면 임종할 때에
오직 이 일념뿐이요, 다른 염이 없을 것이
니라.

지자智者대사가 말하기를, 「죽음에 다달아
정定 중에 있는 마음(아미타불)이 곧 정토
에 왕생하는 마음이라」하였으니, 일념뿐이
요, 다른 염이 없는 것이 선정에 있는 마음
이 아니겠는가. 일념이 과연 이렇다면 아미
타불을 보지 못하고 누구를 보며, 정토에
왕생하지 않고 어느 곳에 태어나겠는가. 다
만 우리의 믿는 마음이 그렇지 못할까 두려
워할 뿐이로다.

『관경觀經』에 말하기를, 「이 마음으로 부
처가 되고, 이 마음이 곧 부처다」 하였으
니 두 말을 이미 말하였은 즉, 이 말밖에
있는 「마음이 부처를 짓지 못하면 마음이

곧 부처가 아니며, 마음이 아홉 법계를 지
으면 마음이 곧 아홉 법계요, 마음이 아홉
법계를 짓지 않으면 마음이 곧 아홉 법계가
아니니라」라는 뜻이 모두 드러났느니라.
이 이치를 밝혀 알면서도 오히려 염불하지
않는다면 나도 어찌할 수 없느니라.

『관경』에 말씀한 「이 마음으로 부처가
되고 이 마음이 곧 부처라」한 두 말은 오
직 관경의 으뜸가는 법요法要일 뿐 아니라,
실로 석가여래 일대시교一代時敎의 으뜸가는
법요이며‘ 오직 석가여래 한 부처님의 법장
法藏의 으뜸가는 법요일 뿐 아니라, 실로는
시방삼세 모든 부처님들 법장의 으뜸가는
법요이니, 이 종취宗趣를 통달하였다면 무슨
종취를 통달하지 못하며, 이 법을 이미 분
명히 알았으면 무슨 법을 알지 못하리요.
이른바 공부가 비록 많지 않으나 성현과 같

을 수 있을 것이니라.

살생하는 일은 허물이 매우 중대하니 모든 중
생이 다 부처님 성품이 있는 것이거늘 중생
을 죽일 수 있겠는가. 중대한 죄업을 지어
살생하려는 마음을 기르며 깊은 원수를 맺
어 괴로운 과보를 받는 것이 모두 살생으로
부터 생기는 것이니라.

그러므로 살생하려는 마음이 점점 맹렬하고
살생하려는 업이 점점 깊어져서 차차 사람을
죽이다가 심지어 육친까지 죽이며 심하면
도병겁刀兵劫까지 되나니, 참으로 슬픈 일이
니라. 이것들이 모두 살생하지 말라는 계율
을 알지 못함으로 생기는 것이니, 진실로
살생을 경계할 줄 안다면 짐승도 죽일 수
없거든 하물며 사람을 죽이며 육친을 죽이
겠는가. 짐승도 차마 죽일 수 없는데 도병

겁이 어떻게 오겠는가. 다른 사람의 아비를 죽이면 또 다른 이가 나의 아비를 죽이고 다른 이의 형을 죽이면 또 다른 이가 내 형을 죽인다 하였으니, 남의 부형을 죽일 수 없다는 것이 살생을 경계한 것인 줄을 알면서도 오직 부형을 죽게 한 것이 살생을 경계하지 않는 것으로부터 시작되는 것인 줄을 알지 못하도다. 사람들이 살생을 경계하지 않는 것은 인과의 이치를 통달하지 못하는 까닭이니, 인과란 것은 감感하면 응應하는 것이라, 내가 악한 마음으로 강하면 남도 악한 마음으로 응하고, 내가 착한 마음으로 감하면 남도 착한 마음으로 응하느니라.

사람들은 감感하면 응應함이 현재에만 있는 줄로 알고 과거 현재 미래에 통하는 줄을 알지 못하며, 또 감하면 응함이 인간에게만 있는 줄로 알고 여섯 갈래에 통하는 줄을 알지 못하도다. 여섯 갈래 중생들은 모두 나의 여러 생의 아버지와 형이어니 살생을 어찌 경계하지 아니 하리요. 또 감感하면 이 여섯 갈래에 통하는 줄을 안다 하여도 감感하면 응함이 세간과 출세간出世間에 통하는 줄을 알지 못하도다. 「내가 공한」마음으로 감感하면 성문이나 연각의 과보로 응應하고, 보리심과 육도만행으로 감하면 보살법계의 과보로 응하고, 평등한 대자大慈와 동체대비同體大悲로 감하면 불법계의 과보로 응하나니 감하고 응하는 도리를 다할 수 있겠는가.

이 염불법문은 마치 하늘이 두루 덮었고 땅이 모두 받는 것과 같아서 한 사람도 한 법도 그 밖을 뛰어나 그 속에 있지 않을 것이 없느니라. 화엄경이 비록 5주인과周因果와 4

분문답分問答이 다르지마는 인과 과의 두 가지를 모두 포함하였나니 41위位의 인행因行 닦는 마음이 하나도 과지果地의 각으로 나아가지 않는 것이 없은 즉 41위에서 닦는 법행이 모두 염불하는 법행이 아니겠는가. 맨 나중에 보현보살이 10대원왕大願王으로써 극락세계로 돌아가게 하여 경 전부의 결론을 삼았으니 그렇지 않다고 하겠는가.

또 「화엄華嚴」이란 말은 만행의 인을 닦는 꽃으로 일승一乘의 불과를 장엄한다는 뜻이니, 이 만행 무량이 염불하는 행이 아니겠는가. 화엄경에는 바수밀 여와 무염족 왕과 승열 바라문 따위의 무량한 법문을 구족한 것이 모두 비로자나불의 경계를 나타내는 것이니, 이 무량한 법문이 곧 염불법문이 아니겠는가.

법화경으로 말하더라도 처음부터 나중까지

부처님의 지견知見을 열어주고 보여주어 깨
닫게 하고 들어가게 한 것이니, 그 처음과
나중이 오직 한 염불법문이 아니겠는가.

능엄경에서는 처음에 여래장성如來藏性을 보
여서 부처님이 될 원인을 밝히고 다음에 원
통圓通을 가려내어 부처님이 될 묘한 행을
보이고, 후에 60성위聖位를 차례로 말하며
보리를 원만히하며 얻는 것이 없는 대로 귀
결하여 부처님 되시는 과지果地를 증득케
하였는데, 이 길을 등지면 일곱 갈래에 헤
매게 되고 이 길을 향하면 50가지 마魔가
요란함을 밝히고 나중에 말하기를, "어떤
사람이 몸으로 네 가지 중대한 죄와 열 가
지 바라이 죄를 구족하게 짓고 순식간에 이
곳저곳의 아비지옥으로 낱낱이 돌아다니며
내지 시방의 무간지옥까지 샅샅이 경과해야
할 것이로되, 능히 일념에 이 (정토)법문을

가져다가 말법 중의 여러 사람에게 열어 보
이면 이 사람의 죄업이 즉시에 소멸하고 그
받아야 할 지옥의 괴로운 원인이 변하여 안
락(극락)국이 되리라" 하였으니, 이것은 철
두철미하게 오직 염불법문이니라.
통틀어 말하면, 부처님의 일대 시교의 3장
12부와 반자교半字教 만자교滿字教의 권교權
教 실교實教와 편벽하고 원만한 돈교頓教 점
교漸教의 갖가지 법문이 모두 유심唯心의 자
성을 보이어 위없는 묘각妙覺을 원만히 성
취하는 것이니, 어찌 한 가지 염불법문이
아니겠는가.

또 선종으로 말하더라도 달마대사가 서쪽에서
와서는 사람의 마음을 바로 가리키어 성품
을 보게 한다 하였으면 족할 것인데, 부처
를 이루게 한 것은 선종도 역시 염불법문이
아니겠는가?

그러므로 2파 5종의 천칠백 공안이 당인의 근본 성품을 가리키어 본래 있는 청정법신을 보인 것이다. 법신이 가로로 가득하고 세로로 뻗어 있지 않는 데가 없거든 참선하는 사람이 모름지기 이것이 때때로 앞에 나타나서 하나하나 서로 응하기를 구하나니, 이 어느 것이 염불법문이 아니겠는가? 심지어 「부처님이란 말을 나는 듣기를 좋아하지 않노라, 한 방망이로 때려 죽여서 개에게 먹이리라.」 한 것들이 모두 법신 저쪽의 수승한 방편을 보인 것이니, 이는 참으로 염불이거늘 가끔 무지한 무리가 말하기를 선종 사람은 염불할 것이 아니라 하니, 이것은 염불을 모를 뿐 아니라 선종도 모르는 것이니라.

내가 이제 염불하면 반드시 부처님을 뵈올

것이요, 한번 부처님을 뵈오면 문득 모든 고통에서 벗어나 깨달을 시기가 올 것이며, 과연 깨닫기만 하면 이왕의 부끄럽던 것을 한번 통쾌하게 씻어 버릴 것이니, 그래도 부처님을 염하지 아니 할까보냐.

여산 동림사의 혜원스님이 123인과 백련사를 조직하고 염불하였는데 그 123인이 차례차례 임종하면서 모두 상서가 있었으며, 비록 앵무새 같은 짐승이라도 염불하다가 죽을 적에 다 상서가 있었으니, 이것은 중생이 부처님에게 인연이 깊은 것이 아니고 무엇이겠는가.

또 『무량수경』에 말하기를 "말법시대에 모든 경전이 다 없어지더라도 나의 원력으로 이 경을 백 년 동안 머물러 두어 중생을 제도 하겠다" 하셨으니, 다른 경은 그만두고 이 경만 머물러 두는 것은 이 경 법문이 수행하기 쉽고 중생을 포섭함이 광대하며 도에 들어가기 적당하여 이익을 빨리 얻음이 아니겠는가.

이것으로 보아 이 법문이 시기가 가장 오래고 중생의 근기에 가장 적당한 줄을 알 것이니라. 세상 중생들이 매우 어렵고 괴로울 때에는 아버지 어머니를 부르고 하늘과 땅에 호소하거니와, 부모와 천왕이 나의 생사를 구원해 주거나 나의 윤회를 제도할 수 없음을 알지 못하나니, 그들도 나와 같이 생사의 윤회에 있는 연고니라.

삼승(성문·연각·보살승)의 성인이 비록 생사에서 벗어났으나 대비심이 없기 때문에 나에게 이익을 주지 못하며, 여러 보살들이 비록 대자비심이 있지마는 그의 증득한 바

가 각각 한정이 있으므로 중생들을 두루 이
익케 하거나 모든 이의 소원을 만족할 수
없으며, 시방의 부처님들은 비록 법계를 모
두 증득하였으나 내가 감동하기란 용이치
못하고 설사 감동하여 뵈온다 하더라도 잠
깐 동안 괴로움을 여읠 수 있으나 끝까지
여의지 못하거니와, 오직 아미타불은 한번
만 뵈옵더라도 담박에 생사를 해탈하고 영
원히 괴로움을 끊게 되나니, 그러므로 아미
타불을 정성을 다하여 모실 것이니라.

우리들이 오랜 옛적부터 윤회하는 터이니
어찌 영원토록 벗어날 마음을 내지 아니 하
며, 수도할 행을 닦지 아니 하리요마는 대
개는 습관에서 벗어나지 못하고 게으른 마
음을 가다듬지 못하므로 항상 생사 중에 있
어서 큰 괴로움을 받았거니와, 이제 명호를
염하는 간단한 법문을 듣고도 예전과 같이

습관에 얽매이고 게으름에 빠진다면 가장
피 없는 놈이라 할 밖에 없느니라.

영조대왕 때 아미타부처님이 현씨 부인에게 말씀하셨다.
"너희들 대중은 여러 경전과 불·조사의 말씀을 믿고 들어라.
무수한 방편을 설하셨느니라. 이러한 까닭에 상근기와 중근기는
정법(正法: 혹은 戒法)과 상법(像法: 계법과 유사함)이 견고하여
득도하지만, 하근기의 말법시대에는 여러 문이 열려 있거나 혹은
닫혀 있는 것이니라. 말법시대에 일어나야 할 가장 적당한 수행은
정토문이니 왕생을 구하여 염불(아미타불)하는 사람은 누구든지
극락세계에 왕생할 것이니라."
- 염불보권문(念佛普勸文)

○ 염불을 합시다

나무아미타불 나무아미타불 나무아미타불!
불법에 팔만사천 방편 문이 있는데, 왜 염불
만 하여야 되며, 시방에 무수한 부처님이 계
시는데, 하필 아미타불을 염하는가?

여기에 여러 가지 이유가 있다.
첫째, "시방 삼세불 아미타 제일이라." 자비
도덕 신통 지혜는 어느 부처님이 다 같지마
는 원력과 인연은 다른 것이다.
아미타불은 사바세계 중생과 특별히 인연이
가까우며 원력이 시방삼세 부처님 중 제일
크다는 것이다. 법장 비구가 오랫동안 사유
思惟하여 보살이 되어 중생계를 살펴보니
중생들의 고통이 너무나 참혹한지라, 지옥
은 1주야에 만 번 죽이고 만 번 살리는 비

참한 고통을 무량겁으로 받으며, 아귀는 배는 줄이고 목은 마르며 속에서 불이 올라와 몸을 태워 항상 울고 있으며, 축생은 서로 잡아먹어 한시도 마음을 놓을 수 없으며, 수라·인간·천상은 좋다 하나 생·로·병·사와 여러 가지 고통이 많다.

법장 보살은 이렇게 고통 받는 중생을 친자식같이 불쌍히 생각하시고 꼭 건져줄 생각을 하시는데 완전히 생사고를 벗어나려면 성불시켜야 되는 것이라, 그리하여 48원 중 제11원에 결정정각원決定正覺願을 세웠다. 어느 중생이든지 내 국토에 나기만 하면 모두 정정취正定聚에 들어서 결정코 성불할 것이라 하셨으니, 이것은 참으로 천지를 진동시키는 큰 부르짖음이다.

경전에 3아승지 겁을 닦아 성불하였다는

말이 있는데, 그것도 발심한 보살이 행한 것이요 박지범부縛地凡夫(모든 번뇌에 골고루 묶여있는 범부)들이야 무량무량 아승지 겁으로 오면서도 생사윤회를 면치 못하는 실정이니, 이러한 어리석은 중생이 자력自力으로 수행하여 성불하기란 도저히 불가능한 것이라. 법장 보살은 생각하시기를 「나는 하늘을 흔드는 용기와 백절불굴百折不屈의 정신이 있으니 내가 천만번 죽는 일이 있더라도 저 중생들을 대신하여 수행을 쌓아 극락정토를 건설하고 중생들을 모두 성불시키겠다」는 것이다.

그런데 또 한 가지 문제는 극락세계에 가기가 쉬운 일이 아니다. 여러 부처님의 정토도 많이 있지만은 삼매의 힘이 없어서는 가지 못한다. 죄업이 중한 말세 중생이 자력으로 삼매를 얻는 것도 하늘에 오르기보다 어려

운 일이라. 그러므로 제일 쉬운 십념왕생十
念往生을 세웠다.

"누구든지 나의 나라를 좋아하여 나려는 이
는 나의 이름 열 번만 불러도 반드시 나게
될 것", 또 임종현전臨終現前원을 세웠다.
"누구나 보리심을 내어 많은 공덕을 짓고
염불발원하면 그 사람이 죽을 때에 내가 성
중과 같이 가서 그 사람을 영접해 올 것이
다."

이와 같이 48원을 말하고 "만일 이 원대로
아니 되면 결정코 성불하지 않겠습니다" 하
셨다. 이것은 철저한 대자비심으로 불난 집
안에 있는 자식을 구제하겠다는 한 생각뿐
이요 조금도 다른 생각은 없는 것이다. 마
치 어머니가 자식이 물에 빠지는 것을 볼
때에 자식을 살리겠다는 생각뿐이요, 자기

의 생명을 돌보지 않은 것과 같은 것이다.

법장 보살은 이 같은 48원을 세우시고 무량겁으로 고행을 하여 보시布施행을 닦을 적엔 두목신체頭目身體를 아끼지 아니하시고, 인욕忍辱행을 할 적엔 사지를 끊어도 성내지 아니하시고, 정진精進행을 닦을 적엔 7천 년 동안 옆구리를 땅에 대지 아니하여 이와 같은 고행을 무량억겁으로 계속하여 48원을 모두 성취시켜 극락세계를 장엄하고 십호가 구족하신 아미타불이 되셨으니, 누구나 법장 보살의 원력을 믿고 극락에 가기를 원을 세워 부지런히 염불하면 영명선사 말씀과 같이 만 명이 염불하면 만 명이 다 극락에 가는 것이니, 이것은 자력이 아니라 타력他力(불력) 즉, 법장 보살의 원력으로 되는 것이다.

『무량청정각경』에 "누구나 아미타불의 원력을 듣고 마음이 기쁘며 털끝이 쭈뼛하고 눈물이 나는 자는 보통 사람이 아니라 전생에 여러 부처님 처소에서 보살도를 닦은 사람이라" 하셨다. 아미타불 원력을 깊이 생각해보면 너무나 감격하여 털끝이 쭈뼛 하고 눈물이 날만한 것이다. 그러므로 아미타불은 참으로 구세주救世主이시고 중생의 의지가 되므로 특별히 아미타불을 염하는 것이다.

둘째, 현세에 잘살기 위해서 염불한다. 아미타불의 명호는 무량수無量壽 무량광無量光으로 번역되는데 무량수는 시간을 초월하여 무시무종無始無終하고 무량광은 공간을 초월하여 시방十方세계를 포함하였으며 또는 우리의 심성이 무한의 수명과 무한의 광명이 있어 지혜와 자비가 구족하였으니, 아미타불의 명호는 우주와 심성의 진리를 전부 포함하였으므로, 법장보살이 48원을 말한 뒤에 "선과 복덕이 적고 마음이 약하여 불도 수행을 이기지 못한 범부에게 나의 명호의 보물을 주어 구제하리라" 하셨고, 원효대사는 "아미타불의 명호는 만덕이 구족한다" 하셨고, 부처님께서는 염불의 십종 공덕을 말씀하셨다.

1. 모든 하늘 큰 신장들이 항상 수호하며
2. 관세음보살 같은 25보살이 항상 보호하시며
3. 시방제불이 호념하시고 아미타불은 광명을 비춰 주시며
4. 모든 악귀들이 침범치 못하며
5. 수재 화재 도적과 횡사橫死가 없으며
6. 전생 죄업이 소멸하고 죽인 원수가 해탈을 얻어 다시 보복이 없으며
7. 꿈이 좋고 꿈에 아미타불을 간혹 뵈오며

8. 마음이 기쁘고 기력이 좋으며 모든 일이 뜻대로 되며

9. 세상 사람에게 공경을 받으며

10. 목숨이 마칠 때에 두려움이 없고 바른 생각이 나타나서 아미타불과 성중의 영접을 받아 극락정토에 왕생한다 하셨다.

신장들은 불법을 옹호할 원력을 세웠으므로 삼매 중의 왕인 염불삼매를 닦으면 신장들은 기뻐하여 항상 보호하여 주고 악귀들은 도망가며, 경에 "누구나 아미타불을 염하면 아미타불께서 관세음보살 같은 25보살을 보내어 그 사람을 보호하여 준다" 하는데 25보살 명호도 있다. 보통 수행력이 있는 사람이라도 임종 시에는 어디로 갈지 몰라서 정신을 차리지 못하고 갈팡질팡 하다가 타락 되기가 쉬운데 염불하는 사람은 신심이 깊으면 결정코 극락에 간다는 원력이 있으므로 임종 시에 마음이 흔

들리지 아니하고 정념을 가져 극락에 가는 것이다.

셋째, 대중 생활불교로 염불한다.

불법을 수행하는데 시대와 근기에 맞아야 성취가 쉬운 것이다. 『정법염경正法念經』에 "수도하는 자는 시기와 방면을 관찰하라. 만일 때를 얻지 못하면 방편도 없나니 이것은 잃은 것이요 이익은 못 된다. 왜냐하면 물에 젖은 나무는 불을 얻으려 하나 얻지 못하나니 그것은 때를 얻지 못한 까닭이다. 마른 나무를 짜서 물을 구하려 하나 물은 얻지 못하나니, 지혜가 없기 때문이다" 하셨다.

『상법결의경』에는 부처님 열반 후 정법 오백년은 계행을 갖는 것이 굳세고, 상법 천년은 선정을 닦는 것이 굳세고, 말법 만년은 염불

수행이 굳세다 하셨다. 시대가 감겁減劫이 되어 내려갈수록 사람의 근기는 낮게 나고 업장은 두터워 자력만으로 공부 성취가 어렵고 타력他力법문인 염불을 해야 된다는 것이다.

경에 "상근은 참선하고 중근·하근은 염불 관경觀經하라" 하셨는데, 참선은 특별한 상상 근기 아니고는 깨치기가 어렵고, 염불은 상중하 세 근기가 다 적당하고 사부 대중이 다 할 수 있는 것이다. 원효 대사 『아미타경소』에 이 경은 두 부처님(석가·미타)의 세상에 나신 본의와 사부대중의 도에 들어가는 문을 밝힌 것이라 하셨다.

이것은 「두 부처님께서 아미타경 법문하려 이 세상에 오셨다」는 것이며, 사부 대중이 ④아미타경』을 의지하여야 빨리 도에 들어간다는 것이다. 8만 법문이 모두 방편이지만 자력으로 닦는 성도문聖道門만 가지고는 많은 중생을 제도할 수가 없고 오직 타력 정토문이라야 많이 구제할 수 있다는 것이다.

그러므로 옛 스님의 법문에 삼세의 모든 부처님께서 정토법문을 여의고는 중생을 교화할 수 없고, 육도 중생이 정토법문이 아니면 성불할 수 없다는 것이다. 염불법문은 중하 근기가 한다 하지마는 실제로는 상·중·하 근기가 다 합당한 것이다.

그러므로 위로는 문수 보현 관음 세지 마명 용수 천진 외 인도의 많은 성인들이며, 중국의 천태종에 지자대사 이하 여러 도인과 화엄종에 두순 현수 청량대사 외 여러 조사와 선종의 혜충 진흘 사심 천의 원조 자수 정애 정자 대통 혜옥 중봉 천여 초석 도진 도작 영명 비룡 법진 고소 순눌 북간 천목 자운 외 여러 성현들과 삼론종에 현장 자은 외 여러 도인과 우리나라에도 원효 대안 의상 자장 원측 경흥 의적 현일 대현 대각 보조 태고 나옹 함허 서산 사명 외 여러 성현들이 들어내어 정토수행 하는 이도 있고 비밀히 닦은 이도 있다.

아래로는 무식하고 어리석은 사람과 오역 십악 죄악인과 내지 삼악도 중생까지도 염불하여 극락에 간 증거가 있으니, 이것은 아미타불의 원력이 지중함으로 수행이 빠른 까닭이다. 그러므로 용수보살은 불법에 쉬운 길, 어려운 길이 있으니, 이 오탁악세에 자력으로 수행하는 것은 수 만리나 되는 먼 먼 길에 도보로 걸어가는 것 같이 고생만 하고 목적지에 가기가 어려움과 같고, 쉬운 길이란 아미타불의 원력을 믿고 염불 발원하면 극락에 가서 불퇴지에 오르는 것이 물에 배를 타고가면 아무런 괴로움이 없이 목적지에 가는 것과 같다

하셨다.

현재 일본 불교가 세계에서도 이름이 있는데 일본 불교는 15종인데 그 중에 정토종(진종, 시종, 융통염불종, 정토종)이 넷이며 신자가 전불교의 80%를 차지하여 정토신앙이 대중적으로 활발하다. 원효스님은 등에다 아미타불을 써 붙이고 도시와 시골을 돌아다니면서 춤추고 염불하여 대중적으로 염불을 권장하였다. 이 말법 시대에 죄악이 충만한 우리 같은 범부라도 아미타불의 원력을 믿고 염불하면 결정코 구제를 받을 것이다. 성철 종정스님 말씀에 "염불은 악인정기惡人正機라, 아무리 악인이라도 염불만 하면 자연히 선해진다" 하셨다. 요사이 물질문명이 극도에 달하는 반면에 정신은 혼탁에 빠져 사회가 혼란한 형편이니, 이때에 대중적으로 염불하고 정토발원을 하게 되면 물질의 무상함과 인생의 허망함을 알게 되어 자연 마음이 어질어져서 서로 도우고 서로 사랑하면 이 세상이 곧 극락이 될 것이다.

셋째, 업장을 녹이기 위하여 염불한다. 중생들이 생·로·병·사와 모든 고통을 받는 원인은 다생의 죄업이 많이 쌓인 관계라, 경에 죄업이 형상이 있다면 허공에도 가득 차고 남을 것이라 하였으니, 이러한 죄업을 가지고 어떻게 고생을 면하며 생사를 벗어나겠는가? 부처님 말씀에 "항상 부지런히 모든 죄를 참회하라, 모든 업장이 녹아지면 부처 경계가 나타난다" 하셨다.

참회란 것은 먼저 지은 죄를 뉘우치고 앞으로는 다시 짓지 않은 것이니, 지성으로 염불 예배하면 자연히 업장이 녹아진다. 그러므로 경에 "염불 간경하면 업장이 없어진다" 하셨고, 또 『십육관경』에 "어느 사람이 십악 오역죄를

짓고 임종 시에 지옥 불덩이가 눈앞에 나타나
더라도 선지식 법문을 듣고 참회심을 내며 지
성으로 나무아미타불을 부르면 아미타불 한
소리에 팔십업겁 생사 중죄가 없어져서 열 번
만 부르면 극락세계에 간다" 하셨다.

넷째, 견성하기 위하여 염불 한다.

『현호경』에 크게 깨치고저 하거든 염불삼매를
닦으라. 게송에 누구나 아미타불만 염하면 이
것을 높고 깊고 미묘한 선禪이라 한다. 지성으
로 부처님 상호를 생각하고 염불하여 부처님
을 볼 때에 이것이 곧 나지 않고 죽지 않는
법이라 하셨다.

欲求無上菩提　當作念佛三昧頌曰　若人但念阿彌陀
是名無上深妙禪　至心想像見佛時　是即不生不滅法

『능엄경』에 대세지보살 말씀에 "모든 부처님은 중생을 생각하시기를 친 자식 생각하듯 하시는데, 어머니가 아무리 자식을 생각하여도 자식이 피해 도망가면 모자간에 서로 만나지 못하지만, 자식도 어머님 생각하기를 어머니가 자식 생각하듯 하면 모자가 세세생생에 서로 어긋나지 아니하리라. 만일 중생이 지극한 마음으로 부처님을 생각하고 부처님을 염하면 이생에서나 저,생에서 결정코 부처님을 뵈올 것이며, 부처님과 멀지 아니하여 방편을 빌리지 않고도 저절로 마음이 열리는 것이 마치 향기를 쏘이는 사람이 몸에 향기가 배는 것 같다" 하셨다.

염불삼매 법문이 『문수반야경』 『자선삼매경』 등 여러 경전에 많이 있다. 선禪은 우리말로 고요히 생각하는 것인데, 염불할 적에 잡념이 없어지고 아미타불만 전념하는 것이 선이요, 참선할 때도 화두가 일심되는 것이 선인데, 참선이란 참구參究하는 선이란 것이다. 화두가 천 칠백이나 되지만 나무아미타불 하면 그것이 최상승最上乘 선이다. 염불이 일심 되어 삼매에 들어가면 정중定中에 아미타불을 보고 동시에 자성불自性佛을 보는 것이니, 이것이 끝나지 않고 죽지 않는 열반인 것이다. 어느 화두를 하든지 깨치기만 하면 일반이지마는 깨치기 전에는 차별이 없지 않으니, 명색 없는 화두 하는 것보다 만덕萬德이 구족한 아미타불 화두 하는 것이 진실로 좋지 않을까?

다섯째, 극락에 가기 위하여 염불한다.
고인의 말에 "부처님 말씀을 믿지 않고 누구의 말을 믿으며 극락정토에 나지 않고 어느 국토에 날 것인가" 하셨다. 부처님은 자비와 지혜가 구족하여 우리 중생들을 바른 길로 인도하는 스승이라. 그러므로 많은 법문을 설하셨는데, 말세에 번뇌 도적에게 욕보는 중생을 위하여 『관경』을 설하셨고 수 십 경전에 염불 삼매와 정토법문을 설하셨는데, 여기서 서쪽으로 십만억 불토를 지나 극락세계가 있고 아미타불께서 현재 설법하시나니, 누구나 염불 발원하면 모두 정토에 왕생하여 무생법인無生法忍을 증득한다 하셨다.

중생이 육도에 윤회하면서 여기 죽어 저기 나고 저기 죽어 여기 나서 죽고 나고 나서 한 태중에 나왔다가 다시 한 태중에 들어가고 한 껍데기를 버리고 다시 한 껍데기를 받아서 생사가 끊어질 때가 없다. 이 몸은 얻기는 어렵고 잃기 쉬우며 한 생각 삐뚤어지면 바로 악도에 들어가는데 악도에 들어가기는 쉬워도 나오기는 어려워 일곱 부처님 나시도록 항상 개미가 되었고, 팔만 겁이 지나도록 비둘기 몸을 벗지 못하였으며, 지옥은 이보다 여러 배나 세월이 길며 만 가지 고통을 함께 받는데 오직 정토는 고苦가 없다.

연꽃 속에 화생하니 나는 고苦가 없고, 수명이 무량하니 늙고 죽는 고가 없고, 부모 처자가 없으니 친척과 이별하는 고가 없고, 착한 사람만 모아 사니 원수가 없고, 마음이 선정에 드니 오음五陰 고가 없다. 부처님의 법문을 듣고 부처님의 광명을 받으면 번뇌가 녹아지고 열반을 증證하는 것이다. 그러므로 육방 모든 부처님이 칭찬하시고 시방 보살들이 가기를 원하는데, 우리 같은 법부들이 이 같은 극락 정토에 가지 않고 어느 국토에 갈 것인가 정토에 가는 데는 세 가지 조건이 있다.

1. **깊은 신심** : 『아미타경』에 "여기서 서쪽으

로 극락세계가 있고 아미타불께서 현재 설법하신다" 하셨다. 또 『화엄경』에 "연화장蓮華藏세계의 최하에 풍륜風輪이 있고 풍륜 위에 향수해香水海가 있고 향수해 위에 연화장 세계가 20중으로 되었으며, 아래로부터 제13층에 우리가 사는 사바세계가 있고, 사바세계 서쪽에 극락세계가 있다" 하셨다.

요사이 과학적으로 월세계와 공중에 무수한 별들이 세계라고 인정하며, 경전에는 미진수微塵數와 같은 세계가 있다 하셨다. 원효대사는 『아미타경소疏』에 "정토와 예토穢土가 한마음에 있고, 생사와 열반이 둘이 아니다. 그러나 둘이 아닌 것을 깨치기는 참으로 어렵고 한마음의 미한 꿈은 버리기가 쉽지 않다. 그러므로 석가세존은 오타 악세를 경계하여 정토에 가라고 권하시고 아미타불은 삼품연대로 영접하여 나게 하신다" 하셨다.

예토는 더럽고 정토는 깨끗하여 천지현격으로 다르나, 진리로 보면 마음에 있는 것이다. 사바세계 중생은 마음이 탁하므로 예토를 보고, 극락세계 사람은 마음이 깨끗하므로 정토를 보는 것이다.

생사는 괴롭고 열반은 즐거운데 고와 낙이 현저하게 다르지만 그것도 또한 마음에 달려있다. 한 생각 깨치면 열반을 증하고 생각이 미迷하면 생사를 받는 것이므로 같다는 것이다. 그러므로 석가세존은 오타악세에는 열반을 증하기 어려우니 정토로 가라고 권하셨고, 아미타불은 여기에 와서 성불하라는 것이니, 그것은 정토에 가야만 성불이 빠른 까닭이다.

먼저 정토·예토가 마음에 있다는 것은 유심정토唯心淨土를 말하는 것이요, 석가세존은 "가

거라", 아미타불은 "오너라" 하신 것은 현실 정토를 말하는 것이니, 이와 같이 극락세계가 분명히 있는 것이다. 여기에 석가세존의 말씀과 아미타불의 원력과 육방제불의 광장설로 증명하심을 의심하지 말고 절대로 믿을 것이다.

2. 간절한 원력 : 과거 모든 불보살께서 원願을 세워 성불하셨는데, 원은 가장 크게 대승보살의 원을 세워 인간·천상의 복락과 소승의 과보를 구하지 말고 오직 보리심으로 극락세계에 가서 성불하기를 원할 것이다. 보현보살은 "원컨대 내가 임종 할 때에 모든 장애가 없어져서 아미타불을 친견하고 극락세계에 왕생하여지이다" 하셨고, 문수보살도 이와 같은 원을 세웠으며, 여래십대발원문에 "내가 결정코 안양에 나기를 원합니다. 내가 빨리 아미타불 보기를 원합니다" 하셨다. 안양安養이 곧

극락이라 부처님께서도 극락에 나기를 원하셨
는데 우리 범부들이야 말할 것 있겠는가?

"아미타불께서 우리를 영접迎接하실 원을 세웠
으니 우리도 부처님 뵙기를 간절히 원하면 서
로 감응이 되어 결정코 정토에 갈 것이니, 염
불을 하든지 어떤 좋은 일을 했을 때는 이 공
덕으로 모든 중생과 같이 극락에 갑시다." 이
렇게 원력이 굳세어 지면 이 원력이 아뢰야식
阿賴耶識에 감추어져서 이 몸은 죽어도 원력은
죽지 아니하고 앞길을 인도하여 극락에 가는
것이다.

3. 부지런한 수행 : 극락세계가 분명히 있는
줄 믿고 가기로 원을 세웠으니 길은 활짝 열
려있는 것이다. 그러나 가는 것은 염불을 하
여야 되는 것이다. 『아미타경』에 "조그마한 선
과 복덕으로는 저 세계에 갈 수 없고 오직 하

루, 이틀 내지 이레까지 아미타불의 명호를 불러 일심하면 그 사람의 임종 시에 아미타불께서 모든 성중을 데리시고 그 사람 앞에 나타나서 그 사람의 마음이 뒤바뀌지 아니하고 곧 극락에 간다" 하셨으며, 서산대사는 "서방의 염불법은 결정코 생사를 벗어난다. 마음과 입이 서로 응하면 손가락 튕길 동안에 극락에 간다" 하셨다.

염불 할 적에 입으로 부르고 마음으로 생각하여 염불소리가 귀에 들리도록 하고, 마음은 부처님을 여의지 아니하고 부처님은 마음에 떠나지 아니하여, 어느 때 어느 곳에나 염불 생각을 놓지 않고 항상 계속하면, 자연 일심이 되어 몸과 마음이 편안하고 모든 일이 뜻대로 되며 장래에 극락에 가는 것이다. 고인의 법문에 오탁이 극히 심하면 삼재三災(난리 질병 흉년)가 생기나니, 아미타불을 의지하지 아니하면 이 재앙을 면할 수 없다 하셨다. 이 말법시대에는 천재지변, 흉년, 난리, 질병 등 여러 가지 재앙이 많이 생기는 것이니, 이러한 위험을 면할 길은 오직 일심으로 염불하여 불·보살의 가피와 신장의 보호를 받아 편히 지낼 수 있고 결국 죽을 때는 극락세계에 가는 길 뿐이다.

나무서방정토 극락세계
대자대비 대원대력 접인도사 아미타불

염불만일회주 안수산

연화세계

보현보살 제구원왕
항순중생 恒順衆生

보살이 중생에게 수순할 수 있으면
곧 제불께 수순하여 공양함이 되며,
중생을 존중하여 받들어 모시면
곧 여래를 존중하여 받들어 모심이 되며,
중생으로 하여금 환희심이 나게 하면
곧 일체여래로 하여금 환희심이 나게 하느니라.
왜 그러한가?
제불여래께서는 대비심을 체로 삼는 까닭에
중생으로 인하여 대비심을 일으키고,
대비심으로 인하여 보리심을 발하며,
보리심으로 인하여 등정각을 성취하니라.
-화엄경 보현행원품

중생제도의 서원

석가세존이 이 세상에 오셔서 설법하신 본회는 결국 우리 중생의 제도濟度, 즉 만민을 구별 없이 모두 구제하려는 것 외는 없다. 그러면 일부 불교 이론이나 좀 깊이 연구하고 수도修道생활을 거친 사람들 가운데는 어려운 자력수행自力修行을 즐기고, 서민 일반 대중이 친근 하는 염불의 정토문을 무언가 천박한 것으로 오해하여 이를 연구하고 그 깊은 뜻을 받들려 하지 아니하려는 어리석음을 저지르는 일이 간혹 없지 않다.

그러나 일단 허심탄회하게 선입관先人觀을 버리고 아집我執을 버리고 『불설무량수경』을 정독한 후, 거기 숨어 있는 참 뜻에 접할 것 같으면 그런 오해가 얼마나 스스로 부끄러운 일인지 느끼지 않을 수 없을 것이다. 그것은 『무량수경』에 설해있는 무량수불의 홍원弘願 즉, '일체 중생을 모두 남김없이 절대 무조건 적으로 구제하겠다'는 큰 서원을 올바르게 받아들인다면 이 경經 이전의 모든 경에서 설한 것은 궁극의 교설인 정토 왕생을 설하기 위한, 말하자면 일종의 준비라고 까지 느껴지게 될 것이기 때문이다.

삼계유일심三界唯一心을 설하는 화엄이나, 계戒를 중하게 하는 아함이나, 불심의 광대 평등을 설한 방등方等, 일체 개공皆空을 설한 반야, 일체 중생 모두의 성불을 설한 법화 등은 요컨대 예토穢土를 싫어하고 번뇌를 해탈하여 미망迷妄을 바꾸어 깨달음에 들어가기 위한 자력自力적인 수행의 교教로서, 거기에는 '어떠한 악인 범부일지라도 구제된다'는 절대의 증명은 아직 없으며, 오직 『무량수경』에 한 중생

도 빠짐없이 모두 구제되는 법이 있다. 이야
말로 전 불교에서 마치 용을 그림에 끝으로
눈을 그려 넣는 점안點眼과 같은 것으로서, 이
경이야 말로 완벽한 종교로서 불교의 빛을 내
게 하는 것이라고 해도 지나치지 않을 것이
다.

도덕을 제창하는 것으로는 유교가 있고, 심오
한 철학을 설하는 것으로는 일찌기 인도나 그
리이스 시대의 거대한 형이상학의 체계가 있
다. 오직 이 무량수불의 큰 원願이 있고서야
비로소 불교가 진실로 중생제도의 종교로서
완성된다고 말할 수가 있기 때문이다. 개개의
뛰어난 소질을 가지는 사람만이 수행에 의해
서 도를 깨달을 수 있다고 한다면 그것은 만
인을 두루 구제하는 종교로서는 부적당 하지
않은가. 종교인이상 어리석은 자, 죄 있는 자,
악인이라고 하는 자 등이 구해지는 종교가 되

어야 하는 것이다. 그리고 진실로 겸허하게
말한다면, 스스로 현명하고 죄 없는 착한 몸
과 마음과 입의 즉, 세 가지의 행위인 삼업三
業이 고루 완전하게 어떠한 어려운 환경 속에
서도 위선僞善 아닌 선행을 할 수 있는 자가
과연 우리 일반인에게 있을 수 있을까?

이와 같이 깊이 생각한 뒤에 눈을 『무량수경』
에 돌리면 이 경의 종지는 아미타부처님이 성
불하시기 이전의 법장보살 때에 세운 48원願
그중에서도 특히 제18원 즉, "만약 내가 부처
가 됨에 시방十方의 중생이 지성으로 믿고 나
의 국토에 나기를 바라고, 내지 십념十念만 하
여도 날 수가 없다면 나는 정각正覺을 이루지
아니 하겠습니다" 라고 서원한 말씀에 모두가
집약되고 있는 큰 뜻을 찾아볼 수가 있을 것
이다. 그러니 이것을 본원本願이라 부르는 것
이다. 이 본원에 귀의해서 우리가 구제받는

이 외에 취할 바 길이 또 있겠는가.

우리에게는 많고 적고 간에 자기를 뽐내는 마음이 있다. 반드시 자기가 위인偉人이라고 까지는 아니 할지라도, 자기의 노력이나 수행에 따라서는 무언가 안심입명安心立命의 경지境地가 얻어지지나 않을까 하고 생각하는 마음이 있을 것이다. 특히 지식이 있다고 하는 층에서는 그런 경향이 강하다. 그러나 시간을 두고서 스스로가 뽐내는 "자기란 무엇인가?" 라고 깊은 반성을 하게 된다면 바로 자기의 발밑에는 입을 벌리고 있는 깊은 구렁텅이의 암흑이 있음을 느낄 것이고, 무서운 전율감戰慄感마저 느낄 것이다. 이런 것이 진정한, 인생 그것도 귀한 하나밖에 없는 자기 자신의 인생을 소중히 하는 사람이 한번은 부닥치는 벽이 아닐까?

자기라는 작은 존재는 공간적으로는 미저골尾
骶骨(꼬리 부분에 있는 등골뼈)을 가진 5척 나머지의
짧은 신체에 한정되어 있고, 시간적으로는 그
야말로 몽환포말夢幻泡沫에도 미치지 못할 짧은
생명에 의지하고 있을 따름이다. 오늘 하루는
편히 지날 수가 있을지라도 내일이라도 병마
의 습격을 받아 누워버릴지, 또는 언제 어떤
고난에 부딪혀 몸을 망칠지 그 누가 알 것인
가? 때로는 행운이 깃들어 얼마간의 명성이나
재물을 몸에 두게 되었을지라도 내일이면 어
떤 일이 일어나서 우리의 행복을 망치게 될지
도 모른다.

자기의 존재 자체를 이 공간의 넓이와 시간의
무한한 길이에 비추어 볼 때, 과연 자기의 인
생이 얼마나 적고도 짧은 것인지 스스로 느끼
게 된다면 소름끼치는 일이니라.

우리들 중에서 가장 영리하고 현명한 자와 지식으로서도 생사生死의 묘한 원리를 밝힐 수는 없는 것이고, 또 가장 실증實證적인 지식인 과학마저도 그것이 미치는 것이라야 겨우 개연적蓋然的·상대적 영역을 벗어나지는 못 한다. 소크라테스 식으로 말하면 「우리는 아무것도 모르고 있을 뿐만 아니라, 아무것도 모른다는 일조차 모르고 있다.」 또 이러한 분별의 지혜를 떠나서 선정에 의하여 깨달음을 얻는다고 하는 것도 그 대부분이 과연 진정한 의미를 가지는 것인지, 또는 순간적인 것에 지나지 않는 것인지, 또는 엄한 계율을 지키고 수도에 힘썼다 할지라도 번뇌를 완전히 해탈한다는 것은 어렵다.

왜냐하면 그와 같은 고행에 의한 깨달음은 한정된 자신의 힘으로서 그것을 성취하기에는 인생이 너무나 짧기 때문이다. 우리 범부의 생존과 부처님와의 관계는 넘을 수 없는 깊은 못이 있으며 단점이 있다. 얼마간의 인간적인 복덕을 쌓아 올렸다고 해 보았자, 또 자그마한 자신의 수행이란 것을 한다고 해보았자, 이 생사의 고해苦海를 넘어서 저 언덕 열반涅槃 길에 이르기란 아득한 일인 것이다. 이 작은 선과 약간의 수행에 자만심이 있어서야 되겠는가. 만약에 우리가 바다의 한복판에 내던져지게 되었다고 한다면 수영水泳에 서툰 자는 곧 물에 빠져 죽을 것이지만, 수영에 뛰어난 자 일지라도 결국은 그 망망대해 속에서는 지탱하지 못하고 빠져 죽을 수밖에 없다. 그러나 수영에 미숙할지라도 오직 아미타불의 큰 자비의 배(자항慈航)에 매달린다면 건져져서 구제되어 저 언덕에까지 이를 수가 있지 않겠는가.

이 구제의 방법을 알려주는 것이 곧 『불설무

량수경』이라. 스스로의 힘 즉, 자력만을 믿는 자는 자기의 수영의 역량을 너무 믿어서 고해에 빠지는 사람이며, 아미타불의 대자대비 즉, 불력佛力에 오직 매달리는 신자는 스스로의 역량이 부족함을 솔직하고 겸허하게 자각하고서는 부처님의 홍원弘願이라는 큰 배에 올라타 구제되는 사람이란 것을 가르쳐주게 될 것이다.

종교의 궁극 목적을 이룰진대 지금 바로 고해란 바다 속에서 허덕이고 몸부림치는 자를 눈앞에 두고서 그들에게 수영이 필요하다는 등 물에 들어가기 이전에 해야 할 것들을 역설하고, 또는 일상의 해태解怠를 책망해 본들 무슨 소용이 있겠는가?

중요한 일은 한때라도 빨리 전력을 다해서 구제하는 방법 밖에는 아무것도 있을 리가 없지 않은가?

이와 같은 목적에 부합하는 진정한 대승적인 법문은 행하기 쉽다는 이행도易行道인 정토문 즉, 아미타불의 본원력을 진심으로 믿고 '오직 나무아미타불'이라고 염불하는 이외에는 방법이 없음을 우리는 『무량수경』을 잘 읽고 생각하여 반성한다면 알 수가 있을 것이다。

우리와 같이 죄에 오염되고 어리석기 짝이 없는 범부로서 거룩한 구제를 받을 수 있는 길이 있다고 한다면 그것은 오직 무량수불(아미타불)의 본원력本願力에 의한 염불 밖에는 찾을 길이 없는 것이다.

'나무아미타불'이라고 마음속에서 염불이 일어나더라도 입 밖으로 소리 내는 것이 부끄러울 것 같고 잘되지 않는 것이 아마 젊은 지식인의 일반적 경향일 것이다. 그것은 얕은 인간의 자만심 때문이 아닌가? 그러나 그런 것을 넘어서서 우리의 궁극적 구제란 절대적 대명제를 성취할 수 있다는 생각을 더욱 깊게 한다면, 우리 인간이 스스로의 자만심에 억눌려서 마음에서는 염불하려는 진심을 속이는 일을 빨리 벗어나서 당당하게 소리 내어 입으로 염불하게 될 것이다.

신심으로 칭명하는 일의 종교적 뜻을 이해하기 위해서 부처님의 참뜻을 깊이 믿고 오로지 일심 정력으로 정토신앙에 몰두해야 하는 것이다.

중생의 마음이 본래는 열반涅槃이다.
본래의 성품性品은 언제나 청정하다.
무시 이래의 잘못된 습기로 오염되었으나
막힘 없이 트인 것이 허공과 같은 것이다.
- 능가경楞伽經

중생의 마음衆生心이 본래
무량한 생명, 무량한 광명,
무한한 지혜, 가없는 자비,
곧 자성미타自性彌陀입니다.
이를 드러내는 수행修行이
바로 아미타불 염불입니다.

○ 나무아미타불 신앙의 기원

여기서 다소 각도를 바꾸어 『불설무량수경』과 미타신앙 및 정토사상 등에 관해서 실질적인 고찰을 해보는 것이 중요하다. 거의 대부분의 불교경전이 인도에서 성립한 것은 모두 아는 일이나, 대승사상 특히 정토사상을 연구하려면 그 흐름이 서기 1~2세기에 인도에서 많은 저술을 남겨놓은 대승 불교의 대성자大成者인 용수보살(Nagarjuna)에까지 소급해야 한다.

그의 저서는 5~6세기경에 중국에서 많이 한역되었던 것이다. 또 4~5세기경에 무착無着 (Asanga)이나, 또 세친世親보살의 저서들이 중국어로 번역되었던 것이 대부분 6~7세기경이었다는 사실로 미루어 보았을 때, 일부의 예외는 있지마는 일반적으로는 인도에서 성립한 경전이 중국에 전해지기까지에는 적어도 약 삼백여년 전후의 기간이 경과하였다고 생각하고 있다.

『무량수경』이 언제쯤 성립되었는가를 살펴보기로 한다. 무량수경의 이역異譯인 『평등각경』을 후한시대에 한역하였다는 설이 있지만 연구결과는 믿음성이 적은 것이라고 알려지고 있다, 무량수경의 이역으로 보는 『대무량수경』이 오吳의 지겸支謙에 의해서 번역되었다는 설은 학자 간에 거의 정설로 되어있다.

지겸의 번역은 223~253년 간의 30여년 사이에 이루어진 것으로, 앞서 말한 규준에 따라서 『대아미타경』의 인도에서의 성립은 대체로 그 이전 삼백년 즉, 기원전 1세기경이라는 추정을 하는 것은 근거 없는 일이 아니다. 더욱이 용수보살의 저서 『십주비바사론十住毗婆沙

論』의 이행품易行品에 '미타찬彌陀讚'이라고 불리우는 문장이 인용되고 있는데, 그것은 『평등각경』으로 부터의 인용임을 볼 수 있다. 이『평등각경』은 같이 무량수경의 이역인 『대아미타경』으로부터 발전되어 온 형식을 갖추고 있는 것이므로, 그 『대아미타경』이 서기 기원전 1세기 또는 그것보다 이전에 성립되었으리라는 생각은 무리 없는 당연한 일이라고 보는 것 같다.

염불하는 이는 열 가지 공덕을 얻는다.
첫째는 모든 하늘 신장들이 밤낮으로 수호하고,
둘째는 관세음보살과 같은 25보살이 항상 보호하시며,
셋째는 시방제불이 호념하시고, 아미타불은 광명을 놓아 비추어 주시며,
넷째는 모든 악귀들이 침범치 못하며,
다섯째는 수재 · 화재 · 도적과 횡사橫死가 없으며,
여섯째는 전생 죄업이 소멸하고 죽인 원수가 해탈을 얻어 다시 보복이 없으며,
일곱째는 꿈이 항상 좋고 꿈에 아미타불을 간혹 뵈우며,
여덟째는 마음이 기쁘고 기력이 좋아지며, 일체 하는 일이 뜻대로 되며,
아홉째는 모든 세상 사람들로부터 예배와 칭찬을 받으며,
열째는 목숨 마칠 때를 당하여 두려운 생각이 없고 바른 생각이 나타나
아미타불과 모든 보살들이 금대金臺로 맞아 주어 서방정토에 왕생하여
미래제가 다하도록 좋은 낙을 받는다.
– 다라니잡집경陀羅尼雜集經

염불 십종공덕

念佛 十種功德

금강산 건봉사 등공대騰空臺

○ 신라의 정토 사상

우리나라 불교는 고구려 제17대 소수림 왕 2
년(372)에 전진의 부견 왕이 순도스님을 보내
왔고 다시 2년 후에 아도스님이 왔으니 초전
(初傳)이라 한다. 단지 그전에 민간 불교는 고
구려 도인과 지둔 도림과의 편지로 보아 이미
유포되어 있었고, 백제 불교는 15대 침유 왕
원년(384)에 동진에서 마라란타가 오니 궁중
에서 예경하였으며, 신라는 제23대 법흥 왕
14년(527) 이차돈의 순교로 공인(公認) 되었다.
이와 같은 삼국 불교의 초전설화(初傳說話)는
모두 궁중 불교요, 그 이전에 신라 역시 선산
의 모례와 같은 신자가 있어 묵호자와 아도화
상이 숨어서 포교하고 있었다.

삼국 중 신라 불교만이 유독 특성을 드러낸

것은 이차돈의 순교라는 사건에서 원인을 찾을 수 있다. 이것은 곧 고유 신앙과 외래 종교와의 문제점을 해결하기 위한 희생이었던 것이다.

그 후 진평왕(579~632) 때 원광스님은 중국 유학을 마치고 대승불교를 펼쳤으며, 화랑의 세속 오계五戒 곧, 『임금에게 충성하고, 부모에게 효도하며, 친구 간에 신의 있고, 전쟁에서 물러나지 않고, 살생을 가려서 할 것』을 제정했으니, 고유의 화랑도와 불교 정신을 회통한 것이다.

자장율사(636)도 당나라에서 율학과 화엄을 배우고 왔으나, 그에게 『아미타경소』와 『아미타경 의기義記』가 있는 것으로 보아 정토신앙에 공이 크다고 할 것이다. 원측(613~636)은 당나라에 가서 유식학에서 독창성(獨創性)을 개척하여 중국의 규기스님과 다른 일파를 이루었으나 『무량수경소』 3권, 『아미타경』 1권이 있었으며, 원효성사(617~686)는 더욱 『양권 무량수경 종요』 1권, 『무량수경 사기』 1권,『무량수경』 1권,『아미타경』 1권,『유심안락도』 1권, 『반주삼매경소』 1권, 『반주삼매경약기』 1권 등이 있었고, 의상대사(626~702)는 『아미타경 의기』 1권 등이 있었고, 현일스님도 『무량수경소』와 『무량수경기』, 『관무량수경기』, 『아미타경소』, 『수원왕생경기』 등이 있었다.

원효성사의 정토사상은 다음과 같다.
첫째. 정토왕생이란 아미타불의 본원력에 의하여 왕생하는 것이요 자력이 아니라 하였고,
둘째. 왕생의 바른 원인은 위없는 보리심을 말함이요, 도우는 원인은 염불이라 하였으며,
셋째. 내지 십념十念이란 『미륵발문경』에서 말

한 열 가지 념이라 하였고, 넷째. 미륵정토와
미타정토를 비교하고 그 우열을 논하였다.

원효성사는 통불교 사상으로 『십문화쟁론十門和
諍論』을 짓고, 만법이 하나로 돌아가는 불법의
궁극을 밝히었다. 실로 석가모니불·용수보살
·원효성사는 불교학상의 3대 사상가라 할 만
하다. 마지막 신앙적 실천은 정토 경전의 연
구와 아미타불의 신앙이라 할 것이다. 이것은
자기만 위한 것이 아니고 곧 대중불교의 건설
이라 하겠다.

원효성사는 곧 도시와 농촌 곳곳으로 돌아다
니면서 대중들을 염불시켜 정토법문이 크게
퍼졌다. 그의 저술 『유심안락도』에서 "48원이
란 처음에는 범부를 위하고 뒤에는 삼승의 성
인을 위한 까닭에 정토종 종지가 본래 범부를
위하고 겸해 성인을 위함인 줄 알겠다" 하였

다. 이와 같은 원효성사의 말씀은 오탁악세의 말법시대인 현대의 우리 중생에게 한 가닥의 희망이요, 서광이라 할 수 있다.

이러한 원효의 십념론은 법위法位·경흥憬興·의적義寂스님으로 계승되고 일본의 정토진종에 큰 영향을 행사하였다.

부석사 무량수전의 아미타불

원하옵건대, 제자는 이 목숨이 마칠 때에
아미타불께서 광명 놓아 맞으며
모든 두려움을 여의고 마음이 즐거워
잠깐 사이에 정법을 듣고
그 법으로 들어감이 흐르는 물처럼
생각 생각마다 지혜를 얻고자 합니다.
- 의상대사

○ 화엄과 정토의 일치사상(一致思想)

원효와 의상대사는 같은 친구요 함께 불교를 건설하였으니, 해동화엄의 첫 조사인 의상께서 미타정토사상을 이 땅에 심은 것이다.

의상대사께서 낙산사 창건발원문에 오직 원하건댄, 제자가 세세생생에 관음보살을 칭념하고 본사로 모시는 것을 관음보살께서 아미타불을 이마에 모심과 같게 하소서 하였고, 또 사후에 극락국토에 태어나기를 발원하였다.

원하옵건대, 제자는 이 목숨이 마칠 때에 아미타불께서 광명 놓아 맞으며 모든 두려움을 여의고 마음이 즐거워 잠깐 사이에 정법을 듣고 그 법으로 들어감이 흐르는 물처럼 생각생각마다 지혜를 얻고자 합니다.

이와 같이 해동 화엄초조는 미타정토 신앙자

요, 사십四十화엄 끝에 보현보살의 게송과 같
은 것이니 화엄과 정토가 따로 있는 것이 아
니다.

『보현행원품』에 원컨대 내가 임종할 때에 모
든 장애는 없어지고 아미타불을 뵙고 곧 극락
세계에 나게 하여 주소서. 한 것이 이상의 화
엄사상과 같은 것이다.

의상께서 창건한 부석사는 안양安養문이 있고
법당은 무량수전인데 정면에 주불을 모시지
않고 서편에 아미타불을 모셨으니 이것은 의
상대사의 좌필서향(坐必西向)을 표시한 것이다.
신라 화엄종의 본산인 부석사가 어찌 아미타
불을 본존으로 하는가, 사실 정토신앙의 본산
은 부석사라 할 수 있다.

○ 고려 보조국사의 선정일치禪淨一致

그는 『염불요문』에서 십종염불을 말씀하셨는
데

1. 몸을 경계하는 염불(戒身念佛)
2. 입을 경계하는 염불(戒口念佛)
3. 뜻을 경계하는 염불(戒意念佛)
4. 움직이면서 생각는 염불(動憶念佛)
5. 고요히 생각하는 염불(靜憶念佛)
6. 말하면서 가지는 염불(語持念佛)
7. 묵묵히 가지는 염불(默持念佛)
8. 얼굴을 관하는 염불(觀相念佛)
9. 무심하게 하는 염불(無心念佛)
10. 진여염불(眞如念佛) 등인데

십종 염불은 한 생각 진각眞覺에서 발하고, 한

생각 진각은 몰록 깨치는 돈오頓悟하는 것이
며, 십종 염불은 점차로 닦는 것이다.

염불의 공이 지극하면 행주좌와行住坐臥 일체
곳에서 날마다 아미타불의 진신眞身이 곧 나타
나고, 임종 시에는 구품연대에 나되 상상품上
上品에 왕생한다. 선과 염불은 두 가지가 아니
라 하나라는 것이다.

여기서 원효의 내지 십념론은 보조에서 다시
십종염불로 발전한 우리의 염불 전통이 드러
난다. 그의 십종 염불은 곧 돈오점수頓悟漸修의
수선修禪이며 선정禪淨 일치다.

○ 조계종사 태고왕사 법문

임종게송에
사람 목숨은 물거품처럼 공한 것인데
팔십 여년이 봄꿈 속이라
죽음에 다다라 지금 가죽 부대를 버리니
붉은 해가 서산으로 넘어가네

人生命若水泡空　八十餘年春夢中
臨終如今放皮袋　一輪紅日下西山

붉은 해가 서산으로 넘어간다는 것이 곧 극락 왕생이다.

낙암거사에게 설한 염불법문
아미타불은　한문으로는　무량수각無量壽覺이라

한다. 사람마다 본성의 영각성靈覺性이 있으니 본래 생사가 없고 고금에 걸쳐 신령하고 밝고 깨끗하여 안락한 것이니, 어찌 이것이 무량수불이 아니리오. 까닭에 이 마음을 밝힌 이를 부처라 하고 이 마음을 설명한 것을 교教라 한다. 부처님이 말씀하신 일대장경은 사람들에게 지시하여 본성을 스스로 깨치게 하는 방편이다. 방편이 많지만 요점을 말하면 "마음이 정토요, 자성이 미타이니, 마음이 깨끗하면 불토가 깨끗하고 본성이 드러나면 불신佛身이 드러난다"고 말한 것이 바로 이것이다. 아미타불의 깨끗하고 묘한 법신이 일체 중생들의 마음에 두루 있다.

"마음과 부처와 중생이 차별이 없다" 하였고 "마음이 곧 부처, 부처가 곧 마음이라. 마음 밖에 부처가 없고 부처 밖에 마음이 없다"고 하였으니, 대감이 진실로 염불하려면 바로 자성미타自性彌陀를 하고 종일토록 아미타불의 이름을 마음과 눈앞에 두고 마음과 눈과 아미타불이 한 덩어리가 되어 마음이 계속하여 어둡지 않게 하고, 때로는 생각하는 이것이 무엇인고 하여 오래오래 계속 하시오. 공功이 이루어지면 갑자기 생각이 끊어지고 자성미타의 참모습이 우뚝 나타날 것이니, 그때 비로소 "예전부터 움직이지 않는 것이 부처라"(舊來不動名爲佛) 하는 것을 분명히 알 수 있을 것입니다.

우리도 이럴망정 세상에 장부로세
천지로 장막삼고 일월로 벗을삼아
천하강산 구경하고 만고풍상 겪은후에
고향으로 돌아오니 산천은 불변이나
인심이 크게변해 악한사람 수없으며
선한사람 하나없다 저근듯 생각하니
꿈속같은 이세상에 염불않고 무엇하리
세간재미 좋다하나 열반락에 당할소냐
왕후장상 영웅호걸 금세상에 장부로서
삼도윤회 못면하니 그도역시 몽환이요
금은칠보 좋아하나 생로병사 못면하니
그도역시 몽환이요
만승천자 전륜왕도 육도윤회 못면하니
그도역시 몽환이라
- 나옹선사

○ 조계종사 나옹선사 법문

누이(妹氏)에게 보낸 답서

종일 옷 입고 밥 먹고 말하고 일할 때에 늘
아미타불을 간절히 생각하되 끊임없이 생각하
며 쉬지 않고 기억하여, 생각하지 않아도 저
절로 생각나는 경지에 이르면 나를 기다리는
마음에서 벗어나고도 억울하게 육도에 헤매는
고통을 면할 수 있을 것이다. 간절히 부탁하
고 부탁하니 게송을 들으시오.

아미타불이 어느 곳에 계시는고
마음으로 생각하여 부디 잊지 마오
생각이 다하여 생각 없는 곳에 이르면
육문에서 언제나 자금광紫金光을 놓으리라.

이상서에게 보낸 편지

서쪽을 향해 부지런히 염불하라. 연화대의 상품이 저절로 열리리라.

모든 염불하는 사람에게 보임

깊고 고요해 말이 없으며 뜻은 더욱 깊으니 한 이치 누가 감히 헤아릴까? 앉거나 눕거나 가고 오는데 다른 일 없고 마음 가운데 생각 당당히 하여라. 자성미타가 어느 곳에 있는고. 언제나 생각하여 잊지 말아라. 갑자기 하루아침에 생각조차 잊으면 물건마다 일마다 감춤 없이 드러나리라. 아미타불 생각할 때 부디 사이 띄지 말고 12시간에 언제나 자세히 보라. 갑자기 하루아침에 친히 생각하면 동서가 한 털끝만큼도 간격이 없으리라.

勸念功高 권염공고

삼천대천세계를 일곱 가지 보배로
가득 채워 보시한 공덕 이미 한량없고
다시 교화하여 네 가지 과보
증득하게 하면 그 공덕 또한 가없네
남들에게 염불하도록 권하면
그 공덕 저보다 뛰어남을
부처님께서 또렷이 말씀하셨으니
이러한 덕화 또한 드문 일이네.
남들에게도 권하고 자기도 염불하여
공덕 짓는 행위 가득 채우면
곧바로 상품으로 올라가네.

-함허득통 선사(1376~1433)

○ 함허선사의 성영대군 영가법문

바른 눈을 뜨지 못하고 무명을 부수지 못했으면 미타의 대 원력을 받들어 바로 구품연대 위에 가서 노시오.

상우상암화상 천도법문

화상은 시자의 염불소리를 듣다가 그쳐라. 그쳐라. 염불 할 것 없다 생각하면 지금은 마음을 쓰는 마지막이다. 평소에 참선하는 공과 여러 성인들의 도우는 힘을 의지해 자성미타를 보고 유심정토를 통달하였다. 만일 자성미타를 보고 유심정토를 통달한다면 반드시 정신은 대방에 올라가거나 잊거나 아무 걸림이 없을 것이다. 비록 그런 경지에는 이르지 못한다 하더라도 아미타불의 대비 원력을 받들어 구품연화 속에 나거든 미타님을 뵈옵고 친

히 묘법을 듣고 무생無生을 깨치고 부처님의
수기를 받고 다시 사바세계에 돌아와 정각을
이루고 큰 수레를 굴려 중생을 두루 제도하시
오.

미타찬 彌陀讚

1. 법신으로부터 화신을 나투고
2. 중생 근기를 따라 상호를 보이시다
3. 아미타불 상호를 보는 이는 신심을 내고
4. 아미타불 명호 듣는 이는 감화를 받는다.
5. 잠깐 염불하여도 모두 이익을 얻고
6. 염불공은 적어도 받는 이익은 크다
7. 중생의 근기를 따라 제도하시니
8. 시방 부처님 중에 아미타불이 높으시다
9. 남에게 권하고 자기도 염불하여 공덕이 커
   지면
10. 무상대도를 원만하게 증득하리라。

안양찬

1. 남과 내가 같이 부처님 교화를 받고
2. 의보 · 정보(依報正報)가 모두 수승하도다.
3. 순전히 낙만 있고 근심은 없으며
4. 온 세계가 연꽃으로 장엄되었다.
5. 칠보로 된 연못 속에 화생하고
6. 시방세계 부처님께 공양 올린다.
7. 법문 듣고 무생법인을 깨달으며
8. 목숨이 한량없어 부처님께 의탁한다.
9. 상선인上善人과 같이 도를 닦으며
10. 부처님의 감화를 받아 열반을 증득한다.

미타경찬

1. 팔만 법문 중에 제일 빠른 길을 보이시고
2. 죄악 많고 어리석은 중생을 제도한다.
3. 정토를 칭찬하여 기쁜 마음을 내게 하고
4. 아미타불을 칭찬하여 염불을 권한다.
5. 육방의 제불諸佛이 같이 칭찬하시고
6. 남과 내가 서로 영접을 한다.
7. 인간·천인이 함께 부처님 말씀을 따르고
8. 이 세상과 뒤 세상에 같이 이익을 얻는다.
9. 근기에 따라 빨리 감응을 얻고
10. 모든 공덕을 정토에 회향한다.

서산대사 극락왕생 발원문

弟子 兼判禪敎事 都大禪師(제자 겸판선교사 도대선사) 某(서산)는
극락교주 아미타불의 尊容존용을 모신 족자를 삼가 그리옵고,
향을 사르고 頂禮정례하오며 대서원을 발하옵니다.
"원하옵건데 저는 임종할 때에 죄업의 장애를 없애고
서방 大慈尊대자존(아미타불)의 금색 광명 속으로 나아가서
수기를 받자옵고, 미래세상이 다할 때까지 중생을 건지겠나이다.
허공이 다하는 일이 있더라도 이 서원은 다하지 않을 것이오니,
시방세계의 모든 부처님은 증명을 하여 주옵소서."
-淸虛集청허집 券권4

○ 청허당 서산대사 염불법문

서방의 염불법문은 결정코 생사를 벗어난다. 마음과 입이 서로 응하면 손가락 튕길 동안 극락에 왕생한다. 한 생각으로 연화대를 밟는데 누가 팔천八千 리라 말하는가. 공을 이루고 목숨 마치기를 기다리면 부처님이 와서 너를 맞으리라.

합장하고 서쪽을 향해 앉아 마음 모아 아미타불 염하라. 평생에 그리는 일은 항상 백련화에 있네.

나무아미타불의 육六자는 정녕 윤회에서 벗어나는 지름길이다. 마음은 불佛 경계에서 반연하여 생각해 잊지 않고, 입은 불의 명호를 불러 분명하고 산란치 아니하여, 이와 같이 마음과 입이 서로 응함을 염불이라 한다.

범어梵語에 아미타불은 한문의 무량수불無量壽佛 무량광無量光佛이라 한다. 시방十方 삼세三世 부처님 중에 제일이기 때문에 그렇게 이름한다.

법장 비구가 세자재왕불 앞에서 48원을 세웠는데 "내가 부처가 될 때 시방의 모든 인간, 천상과 날고 기는 곤충까지도 내 이름을 열 번만 염하면 반드시 내 나라에 날 것입니다. 만일이 원이 이루어지지 않으면 결코 성불하지 않겠습니다" 하셨다.

선성先聖도 말씀하기를 부처님 명호를 한번 부르면 마군魔軍이는 도망가고 염라왕 명부에 이름이 없어지고 정토의 금 못에 연꽃이 난다 하였다.

또 참법懺法에는 자력自力과 타력他力을 말하였
는데 자력 성도聖道문은 더디고 타력 정토문은
빠르다 하였다.

염불이 네 가지가 있는데
첫째, 명호를 부르는 것(칭명稱名)
둘째, 등상불等像佛을 생각는 것(사상思像)
셋째, 상호를 관하는 것(관상觀相)
넷째, 실상實相을 관觀하는 것이다。

○ 정토 왕생가

가봅시다 가봅시다 좋은 국토 가봅시다
천상·인간 두어두고 극락으로 가봅시다

극락이라 하는 곳은 온갖 고통 전혀 없어
황금으로 땅이 되고 칠보궁전 좋은 의식
마음대로 수용하네 아미타불 주인 되고
관음세지 보처 되어 48원 세우시고
구품연대 벌려놓아 반야용선 운항하여
염불중생 접인할 제

팔 보살이 호위하고 인로보살 노를 저어
하늘음악 갖은 풍유 천동천녀 춤을 추며
오색광명 어린 곳에 생사바다 건너가서
연꽃 중에 화생하고 무량법락 수용하며
너도나도 차별 없이 필경성불 하고 마네

장하시다 미타원력 무엇으로 비유할꼬
여보 염불 형제들아 깊은 신信과 큰 원願으로
허송세월 하지 말고 하루바삐 아미타불
부지런히 염불하여 유심정토 찾아가서
자성미타自性彌陀 친견하세

허망한 세상 일을 꿈과 같이 생각하고
일편단심 아미타불 분명히 잡드려서
천념만념 무념으로 반조자성返照自性 간단 없이
몸과 마음 분별 않은 넓은 마음 그것일세

나무아미타불!

출판 자금을 내거나
독송 · 수지하는 사람과
여러 사람 여러 장소에
유통시키는 사람들을 위해
두루 회향하는 게송

경을 인쇄한 공덕과 수승한 행과

가없는 수승한 복을 모두 회향하옵나니,

원하옵건대 전생 현생의 업이 다 소멸되고,

업과 미혹이 사라지고 선근이 증장되며,

현생의 권속이 안락하고, 선망 조상들이 극락왕생하며,

시방찰토 미진수 법계, 공존공영하고 화해원만하며,

비바람이 항상 순조롭게 불고 세계가 모두 화평하며,

일체 재난이 없어지고 사람들이 건강 평안하며,

일체 법계 중생들이 함께 정토에 왕생하게 하소서.

경문을 쓰고 배우며 독송 수지하면
생각마다 부처님을 친견하게 되므로
공덕은 헤아리기 어렵다.
화엄경에 이르길, "모든 공양 중에 법공양이
제일이니라(諸供養中 法供養最)"라고 하였다.
-반주삼매경 심요

연화세계

생사해탈 염불왕생성불 법문

1판 1쇄 펴낸 날 2022년 10월 19일
편저 안수사
발행인 김재경 **편집** 허서 **디자인** 김성우 **마케팅** 권태형 **제작** 다산문화사
펴낸곳 도서출판 비움과소통
　　　　서울 금천구 가산디지털2로 43-14 한화비즈2차 7층 702호
　　　　전화 010-6790-0856 팩스 0505-115-2068
　　　　이메일 buddhapia5@daum.net

ISBN 979-11-6016-087-1 03220

＊ 경전을 수지독경하거나 사경하거나 해설하거나 유포하는 법보시는
　한 사람의 붓다를 낳는 가장 위대한 공덕이 되는 불사입니다.
＊ 전법을 위한 법보시용 불서는 저렴하게 보급 또는 제작해 드립니다.
　다량 주문시에는 표지·본문 등에 원하시는 문구(文句)를 넣어드립니다.